ÉTUDES GRAMMATICALES

COLLECTION ANTOINE D'ABBADIE

sur

LA LANGUE EUSKARIENNE.

Paris. — Imprimerie et Fonderie de Rignoux, rue des Francs-Bourgeois-Saint-Michel, 8.

ÉTUDES GRAMMATICALES

SUR

LA LANGUE EUSKARIENNE,

PAR A. TH. D'ABBADIE

ET

J. AUGUSTIN CHAHO, DE NAVARRE,

Auteur des *Paroles d'un Voyant.*

> *Badirudi ezen bertze hitzkuntza guztiak,*
> *bata bertzearekin nahassiak direla, baña*
> *Euskara bere lehenbiziko hastean eta*
> *garbitazunean dagoé'a.*
>
> L'on dirait que toutes les langues humaines sont
> confondues et mêlées les unes avec les autres,
> tandis que l'*Eskuara* conserve encore son
> originalité et sa pureté primitive.
>
> P. AGUILAR.

PARIS.

ARTHUS BERTRAND, LIBRAIRE,

RUE HAUTEFEUILLE, 23.

1836.

BIBLIOTHÈQUE NATIONALE — COLLECTION ANTOINE D'ABBADIE — ACADÉMIE DES SCIENCES

ZAZPI USKAL-HERRIETAKO

BIBLIOTHÈQUE NATIONALE
COLLECTION
ANTOINE
D'ABBADIE
ACADÉMIE DES SCIENCES

USKALDUNER.

PROLÉGOMÈNES.

BIBL. COLLECTION ANTOINE D'ABBADIE — ACADÉMIE DES SCIENCES

Hiltzen ezpaniz,
Utzuliko niz.

Si je ne meurs pas je reviendrai.

BARNE SOULETIN.

I.

Il existe sur la langue basque quelques ouvrages, qui ont pour but d'exposer le mécanisme de sa grammaire : il en est beaucoup d'autres qui, envisageant cet idiome sous le point de vue comparatif, ont cependant consacré d'assez larges développements à l'exposition d'une synthèse grammaticale peu commune, hors des limites du Nouveau Monde. Mais tous ces auteurs nous paraissent être restés au-dessous de leur tâche.

La plupart prenant pour point de départ les systèmes imparfaits des grammaires latine et grecque, ou n'ont fait aucune mention de la marche simple et naturelle de l'*Eskuara*, ou bien n'ont réussi qu'à dénaturer ses belles proportions, en les jugeant par les étalons partiels qu'offraient les langues de Rome et d'Athènes.

Les traits caractéristiques de l'*Eskuara*, ceux qui, par leur ensemble, le distinguent de tout autre idiome, sont :

1° La composition si élémentaire de ses racines, le plus souvent monosyllabiques, présentant rarement plus de deux syllabes, et tellement simples, qu'elles épuisent toutes les combinaisons possibles entre un petit nombre de lettres; comme *jan*, manger; *jin*, venir; *jun*, aller; *jo*, frapper; *jos*, lier; etc.;

2° Son système de terminatives qui s'employant dans tout mot comme partie adhérente, en modifient la signification primitive par des nuances non moins délicates que variées. Ainsi, l'on verra que l'idée exprimée par le mot *handi*, grand, se modifie de près de soixante manières différentes. Les autres langues ne peuvent rendre qu'un petit nombre de ces transformations par des expressions univoques;

3° La déclinaison triple, pour le singulier, le pluriel et l'indéfini. Cette dernière répond à un besoin vaguement senti par plusieurs auteurs de grammaire générale, et paraît *à priori*, plus rationnelle, comme distinction, que le duel usité dans plusieurs langues;

4° La conjugaison qui exprime par des modifications syllabiques les relations de sujet à régime. Cette propriété, remarquée depuis long-temps, avait appelé sur notre langue l'attention de ces philologues qui veulent embrasser d'un coup d'œil l'ensemble de la parole humaine. Mais peu d'entre eux avaient vu que ce qu'ils appelaient verbes n'était que des noms employés sous diverses formes d'inflexions; que leur auxiliaire *Dut* n'est qu'un cas particulier de la forme conjuguée *Niz, ninizan,* et que tout se réduit, en dernière analyse, à des noms *iz, izan, izaite,* qui servent à exprimer, sous différentes formes, la seule idée verbale proprement dite, l'expression de convenance entre un nom et son attribut, le verbe être. Plusieurs philosophes, quoique raisonnant d'après des langues où l'idée d'existence est syncopée et confondue avec des modifications actives ou passives, étaient cependant arrivés, par abstraction, à ne reconnaître qu'un verbe. Cette assertion, pleine de sens, se trouve réalisée dans la langue *Eskuara.*

En appelant ici l'attention des lecteurs sur les imperfections des grammairiens qui nous ont précédé, nous n'avons garde de les taxer d'aveuglement, ni même de négligence, dans leurs expositions systématiques de notre langue. L'*Eskuara,* différent en cela de toutes les autres langues d'Europe, appartient à la famille des idiomes polysynthétiques, si riche et si variée chez les races primitives d'Amérique, et qui ne se trouve dans l'ancien monde que chez les aborigènes de l'Espagne et du midi des Gaules (*). L'esprit de l'homme paraît éprouver une grande difficulté à

(*) Cette opinion est basée sur les grammaires des langues connues; il est cependant permis d'espérer qu'on trouvera des *idiomes* aussi parfaits que le notre parmi les nombreuses langues qui restent encore à étudier en Asie et en Afrique.

passer de ces langues aux formes grammaticales des idiomes sémitiques et occidentaux, où la phrase s'analyse en se composant, et où les dérivés s'élèvent rarement à des mots de plus de sept syllabes. On connaît la grande difficulté éprouvée par les jésuites du Mexique, lorsqu'ils ont voulu instruire les aborigènes par le moyen de la langue espagnole. Ces RR. PP. en ont sagement conclu qu'il était plus facile de faire apprendre à des tribus différentes une même langue indigène, parce qu'elle a de grands rapports, dans sa grammaire, avec tous les autres idiomes de l'Amérique. De même, l'*Eskuara* est comme tel système de philosophie métaphysique, bizarre dans sa physionomie et ses abords, mais que l'on comprend bien quand on y est entré, et qu'on a saisi avec ses nuances la pensée qui la dirige. Bien que l'esprit soit alors content de jouir de cet ensemble, il lui faut un travail nouveau pour saisir les relations entre ce système et ceux avec lesquels il a été plus familier. C'est le cas de la langue basque. Autant on a de plaisir dans sa connaissance intime, autant est-il pénible de la juger sur le terrain de la grammaire française. Il n'est pas jusqu'à sa traduction qui ne soit difficile à saisir. A moins de posséder une longue pratique, ou un esprit clair et philosophique, il n'est pas possible de rendre immédiatement du français en basque : c'est comme une contrée nouvelle dans laquelle on s'acclimate peu à peu.

On aura déjà pressenti les difficultés d'une bonne exposition de notre synthèse grammaticale. Tout livre marche par séries linéaires, et la forme exigétique nous expose à l'inconvénient de ces classifications dans les sciences naturelles, où le tableau des rapports latéraux, si multiples et si importants, est relégué parmi les considérations secondaires. L'esprit peut bien concevoir simultanément toutes les relations et les sympathies; mais la parole ne procède que par des lignes droites.

Pour échapper à ces inconvénients, autant que pour sa-

tisfaire à une pensée qui nous paraît sûre et philosophique,
nous avons dû choisir dans notre exposition une méthode
nouvelle. Nos études seront classées selon les trois derniers
caractéristiques de la langue, terminatives, déclinaison et
conjugaison, c'est-à-dire les trois modifications du mot,
suivant ses qualités, sa position et ses relations.

C'est à regret que nous avons écarté le système grammatical que nous devons aux Anciens, et qui a été plus ou
moins suivi et perfectionné par tant d'auteurs. Il est ingénieux et a l'avantage d'être généralement connu et assez
bien compris : mais s'il s'adapte imparfaitement à la généralité des langues analytiques, il est tout à fait antipathique
à celles qui procèdent par synthèse, et surtout à la langue
basque.

L'article, qui joue un si grand rôle dans la plupart des
langues indo-germaniques, est, à strictement parler, inutile, à côté d'une déclinaison précise et variée : aussi a-t-on
remarqué son absence dans le géorgien, le sanscrit et le
latin. La langue grecque et l'*Eskuara* l'ont conservé,
celle-là en le déclinant séparément comme un nom, celle-
ci en le postposant au mot. Cependant nous ne saurions regarder notre *a* final comme une partie d'oraison, comme
un article dans le sens restreint qu'on attribue ordinairement à ce mot : c'est plutôt une terminative qui particula-
rise et s'ajoute au verbe comme au nom. Ainsi, l'*Eskualdun* dira *seme*, fils ; *semea*, le fils ; *hor*, là ; *horra*, voilà ;
ez, non ; *eza*, est-ce que non ; *bai*, oui ; *baia*, oui interro-
gatif ; mot qui ne peut s'écrire dans aucune autre langue
sans un signe de ponctuation pour en définir le vrai sens.
De même nous disons *niz*, je suis ; *niza*, suis-je ; *nizana*,
le qui suis, ou suivant la phraséologie française, celui qui
suis. On voit que cet *a* final joue toujours le même rôle,
celui d'isoler et de préciser l'idée.

Quant à la distinction en nom substantif et nom adjectif,
elle est parfaitement inutile, excepté pour ces langues qui

ont deux ou trois formes de terminaisons pour ce dernier mot, suivant les substantifs auxquels il s'applique. Encore cette richesse, si rebutante pour l'étudiant, est-elle d'un avantage fort douteux; car le nom qui désigne un être animé doit porter son genre en lui, et sous le point de vue philosophique, il est puéril d'attribuer des sexes à des objets inanimés et surtout à ces créations (*) de notre art, qui n'ont pas d'existence primordiale dans la nature. D'ailleurs la nuance est insensible du substantif à l'adjectif, et l'on dit dans presque toutes les langues, comme en français, le bon, le grand, l'honnête. Le basque applique à toute espèce de mots les degrés de comparaison dont la possibilité de corrélation paraît être, d'après les grammairiens, dans les autres langues, la meilleure règle pour décider si un nom doit être classé parmi les substantifs ou parmi les adjectifs. Ainsi un guide du *Ghipuzkoa* nous a très-bien dit à l'embranchement de deux routes : *bide haû bideago da*, ce chemin-ci est le meilleur des deux, mot à mot, est plus chemin. Cette identité entre le substantif et l'adjectif a été remarquée depuis longtemps en hébreu, et la langue laponne donne aussi des degrés de comparaison à toute espèce de nom.

L'Eskuara n'admet pas de pronom, à moins qu'on ne veuille consacrer toute une partie du discours à un petit nombre de noms de relation; car les pronoms possessifs des auteurs sont pour nous des génitifs. *Ni*, moi; *nere*, de moi ou mien; *nerea*, le mien, etc. Le qui et le que relatifs s'expriment dans le verbe, soit par une modification totale, soit par affixe postposée. Je suis celui qui suis, *nizana niz*; que je suis, *nizala*; que je sois, *nadin*; etc.

Le participe est comme le pronom une création hybride qui est, nous dit-on, une des modifications du verbe. Cette large définition ne précisant rien, les grammairiens n'ont

---

(*) On ne saurait nier cependant que la distinction des genres donne souvent à la phrase française beaucoup de précision et de clarté.

pas été d'accord quand il a fallu désigner les participes basques. Oihénart donne ce nom aux différents cas du nom verbal ; Harriet les appelle infinitifs et leur accorde le titre de participes quand ils sont accompagnés de l'*a* final. Ces vues ont été adoptées par M. Lécluse, qui ne paraît pas s'être bien expliqué la nature des formes, telles que *izatea, izan, izanen*. Guillaume de Humboldt, qui a souvent adopté les mêmes idées, donne aussi avec plus de raison, selon nous, le titre de participe au verbe lorsqu'il est accompagné de la finale *na*, signifiant qui, le, ou celui ; mais alors il faudrait accorder le même nom aux formes *nizalakoz, nizalarik*, etc., ce qui donnerait une étendue démesurée à l'idée qu'on se fait généralement d'un participe. Tous ces embarras n'ont pas échappé à la sagacité de Larramendi, qui déclare ne pouvoir adapter à sa langue les termes usités par la généralité des grammairiens, mais qui craint, ou de troubler une longue possession ou de forger de nouveaux mots. Nous n'avons pas cru devoir nous arrêter à ces considérations, et nous rejetterons de la grammaire cette idée du participe si vague et si mal interprétée.

On a défini l'adverbe : « une partie invariable du discours qui se joint avec les verbes et les adjectifs pour les modifier. » Nous devons en conclure que la langue basque n'a pas d'adverbe. Les formes *choilki, ederki* (*seulement, bellement*) sont des noms affectés de la terminaison *ki*, laquelle correspond à la finale française *ment* ; et ces noms se déclinent encore avec cette addition terminale. Les mots *egun, bihar* (aujourd'hui, demain) sont les formes indéfinies des noms *eguna*, le jour ; *biharra*, le lendemain.

La préposition est, dit-on, une partie d'oraison invariable qui se place entre deux termes qu'elle lie ensemble en exprimant un rapport de l'un avec l'autre. D'après cette interprétation nous chercherons vainement la nuance qui distingue la préposition de la conjonction, et nous avons dû exclure l'une et l'autre de la grammaire basque. Les mêmes penseurs ont défini l'interjection «une partie d'oraison qui sert à exprimer les passions;» mais comme il est évident que toute partie d'oraison joue ce rôle, nous n'insisterons pas sur l'inutilité de cette distinction. Toutes ces prétendues parties d'oraison se traduisent en basque, ou par des cas inhérents au mot principal, ou par des noms déclinables. L'inconvénient de la subdivision généralement employée avait été vaguement senti par M. Lécluse quand il a réuni, dans sa grammaire, ces quatre dernières parties d'oraison sous le titre de *particules*, espèce de *caput mortuum incertæ sedis*, où quelques auteurs relèguent les superfétations de leurs méthodes incomplètes. C'est dans les particules et plus souvent parmi les adverbes qu'on place ordinairement des mots tels que *non*, *oui*, qui sont des noms désignant les idées abstraites d'affirmation et de négation. Cette remarque s'applique à toutes les autres particules.

Dans le choix que nous avons fait du dialecte souletin comme sujet de nos études, nous ne nous sommes pas laissés aller seulement à un amour étroit de notre province. Le dialecte de *Ziberoa* nous est plus familier, il est vrai, et cette considération n'était pas sans importance pour l'exactitude du verbe, dont le développement complet a toujours été à nos yeux le grand but de cette publication; mais l'idiome du Labourd n'est pas resté hors du cercle de nos études. C'est là seulement que nous avons pu étudier le peu de littérature que la langue basque ait livré à la presse. Depuis trois ans que notre attention s'est portée plus spécialement sur cette langue de nos pères, les événements politiques nous ont laissé peu d'occasions de connaître nos dialectes transpyrénéens. D'un autre côté, celui de la Soule n'a mis au jour que trois pièces fugitives, insérées par Arnauld-Michel d'Abbadie, à la suite de l'ouvrage de M. Lécluse, et l'*Azti-Beghia* publié, il y a deux ans, par

Augustin Chaho. Le génie labourdin a fait irruption jusque dans nos livres les plus élémentaires de la lithurgie. Cependant ce dialecte a déjà méconnu le futur simple dans la conjugaison isolée du verbe, et il exprime le plus souvent ce temps par la forme composée *izanen naiz* (*), tandis que le Souletin dit simplement *nizate*.

L'*Eskuara* ayant été peu cultivé comme parole écrite, son orthographe n'est pas encore fixée. Ses premiers écrivains, prenant pour règle unique les habitudes de la langue espagnole, ont en même temps conservé le petit nombre de redondances qui entachent la simplicité de l'écriture castillane. C'est ce que nous avons cru devoir corriger autant que le comporte l'étendue fort limitée de l'alphabet latin, qui est loin de pouvoir se prêter à la peinture de toutes les nuances phoniques. Pour atteindre ce but, il faudrait l'encombrer d'accents et de points diacritiques; innovation pénible à exécuter et qui serait probablement peu goûtée. Nous nous bornerons donc à remplacer *qu* par *k*, et *gui gue* par *gh*, qui aura ainsi le son dur du (γ) gamma grec. Nous n'imiterons pas Harriet en employant un *x* pour *ts*: nous écrirons avec Larramendi *z* au lieu de *c* cédille, dont l'usage assez bizarre paraît avoir été introduit par Oïhénart : *ñ* correspond au *gn* français : le *ll* est une consonne *sui generis* qui n'a pas d'analogue dans les autres langues d'Europe : l'*s* aura le son plein et adouci du *sodé* chaldéen : on le redouble pour lui donner plus de force. *Ph* sera un *p* suivi de l'aspiration et non pas un *f*, lettre qui est très peu usitée en basque. Il en sera de même de *th*, *kh*. La voyelle *u* conservera toujours le son qui lui est propre en français : l'*u* des Castillans s'écrira *ou*, bien que nous ayons

---

(*) Oïhénart nous apprend quelle était la forme isolée du futur jadis en usage en Labourd.

Nazaite,	je serai.	*Garate,*	nous serons.
Azaite,	tu seras.	*Saratee,*	vous serez.
Date,	il sera.	*Dirate,*	ils seront.

regretté de ne pouvoir employer un signe particulier pour cette voyelle si naturelle. Le *q* devenu inutile sera supprimé, et le *c* ne s'emploira que pour peindre le son du *ch* français.

Le curieux phénomène des terminatives basques, représentées très imparfaitement par Larramendi, n'a pas échappé à la sagacité habituelle de G. de Humboldt. Seulement ce philologue paraît n'avoir envisagé que les finales *tassuna*, *keria*, qu'il traite, la première comme indiquant l'excès où la préférence; la deuxième, comme servant à montrer un manque, une absence. Il serait plus juste de dire que *tassuna* implique une idée d'essence, et *keria* une idée d'habitude. Ainsi de *gaïsto*, mauvais, on a formé *gaïstotassun*, méchanceté essentielle; *gaïstokeria*, méchanceté d'habitude, etc. Harriet avait dit que « la langue basque fait d'ordinaire les augmentatifs et les diminutifs dans tous les mots. » Il est vrai que cet auteur n'insiste pas assez sur cette assertion si pleine de bon sens, bien qu'il cite à l'appui un grand nombre d'exemples.

Les linguistes qui auront étudié nos devanciers seront peut-être étonnés de trouver la liste de terminatives fournie par M. A. Chaho, moins riche que celle de Harriet et de M. Lécluse. Nous devons à cet égard quelques explications. Il a paru plus conforme à la définition de ne présenter comme affixes terminatives que les désinences qui ne peuvent exister seules, c'est-à-dire qui, dans leur isolement, n'offrent une idée que par abstraction et qui ne sont jamais, à cet état de nudité, employées dans le cours du langage. Voilà pourquoi M. Chaho passe sous silence des finales telles que les suivantes :

Bera, mou, d'où s'est formé *egosbera*, facile à cuire.
Duna, qui a (le ou celui), *zamaldun*, cavalier (*).

(*) De *zamari*, cheval, et par syncope *zaldun*. On dit de même *Eskualdun*, Basque; de *Eskuara*, *Eskuaradun*. *Eskuardun*, et par l'euphonie usitée en pareil cas, *Eskualdun*.

Aldi,	tour,	*yanaldi,*	tour de manger.
Bide,	chemin,	*salbide,*	chemin de vente, débit.
Etsi,	reconnu,	*onetsi,*	tenu pour bon. [geaison.
Gale,	qui a envie,	*hazgale,*	envie de gratter, déman-
Gune,	côté,	*handiguna,*	un peu de grandeur.
Pea,	le dessous,	*handipean,*	parmi les grands, etc.

On voit par ces exemples que des mots pareils rentrent entièrement parmi ces noms composés, dont les langues grecque et allemande nous offrent tant d'exemples.

Il est une autre classe de fausses terminatives données par Harriet et reproduites par M. Lécluse, qui a ici aveuglément suivi les erremens du notaire labourdin. Nous voulons parler des combinaisons de terminatives et des formes de la déclinaison surcomposée. A ces dernières se rattachent les finales *ekilakoa, tekotan,* etc. En effet, la première se décompose par exemple, dans le mot *onekilakoa* en *on-ekila-ko-a, bons-avec-de, le-ou-celui,* c'est-à-dire celui qui est avec les bons. De même *ema-te-ko-tan* se rend par : en vue de donner; mot à mot : don-ner-pour-dans-le. La syllabe *te* est la désinence active.

Les terminatives se combinent soit entre elles, soit avec les cas de la déclinaison simple ou composée, pour former d'autres nuances de l'idée principale. Ainsi *onzatki,* en vue d'améliorer, est formé de *onzat* pour bon, et de *ki* désinence adverbiale. Ainsi *kantakharka* se compose du radical *kant,* si général dans toutes les langues indo-germaniques, de la terminative *kari,* signifiant profession, et d'une autre désinence *ka,* exprimant médiation. Le sens qui en résulte se traduit en français à peu près par cette phrase : à qui chantera mieux. Ces affixes enclitiques s'adaptent également bien aux noms substantifs et aux noms verbaux. Soient pour exemples : *ghizontto,* bonhomme; *ghizontze,* devenir homme; *ghizonchago,* un peu plus homme. *Jin niz,* je suis venu; *jintto niz,* même idée, mais avec une nuance mignarde; *jinche zira* (avec la terminative d'augmentation), vous faites mine d'être arrivé. Il est difficile de bien traduire ces finesses de langage, mais nous avons dû en constater l'existence.

Les terminatives de Harriet, auxquelles ces remarques ne s'appliquent pas, et que nous n'avons pas reproduites, appartiennent au dialecte labourdin. On en trouvera des exemples dans les mots *handigua*, grandeur (en mauvaise part); *emankari*, qui aime à donner; *emaïter*, près de donner; *onghitzu*, à peu près bien; *handiskitsu*, à peu près grandement, etc. Ces suffixes pouvant se combiner et se modifier pour rendre tous les reflets de la pensée, ce serait fatiguer le lecteur que d'entrer dans de plus larges développements.

La déclinaison indéfinie indiquée par Oïhénart, qui l'appelle inarticulée, a été imparfaitement présentée par tous les auteurs qui l'ont suivi, à l'exception de feu l'abbé Darrigol. On verra dans le travail de M. Chaho l'admirable économie de ces inflexions dont le sens ne donne aucune idée de singularité ou de pluralité, mais se complète et se définit par le secours d'un nom ou du verbe. Ce mode est éminemment philosophique, car il fournit l'idée principale du mot sans avoir besoin d'y faire entrer en même temps l'idée accessoire de la quotité. Aucune autre langue connue ne présente cet avantage à un si haut degré.

Oïhénart a posé la règle qui doit guider le grammairien dans l'énumération des cas de la déclinaison basque. Il faut en rejeter tout enclitique même correspondant à une préposition dans les autres langues, alors que cette finale peut présenter, dans son isolement, un sens complet. Conséquemment *ghizonagabe*, sans l'homme, ne sera pas tenu pour un cas. Le mot *gabea* servant à désigner le néant, la traduction exacte du mot serait: l'homme néant.

L'*Eskuara* n'a rien à envier à aucune autre langue sous le rapport du nombre et de la richesse de ses inflexions

déclinatives. Le géorgien n'a que dix ou douze cas, le
lapon et le hongrois n'en comptent que treize, et si
A.-J. Sjögren en donne quatorze à la langue finnoise, c'est
qu'il y comprend, outre un vocatif semblable au nominatif,
un cas adverbial qui rentre, selon nous, dans le système
des suffixes ou désinences modifiantes. Notre langue étant
la plus riche dans sa déclinaison, pourra être usitée comme
paradigme normal. C'est donc uniquement pour faciliter
la comparaison avec d'autres langues, dont la formation
serait analogue, que nous aurions voulu donner des noms
à tous les cas; mais quoique autorisés à employer cette
méthode par l'exemple des auteurs de grammaires erdaranes (*) qui nous ont précédés, nous avons reculé devant
l'abus du néologisme et la création de nouveaux mots. On
pourra y suppléer ou par un numéro de l'ordre que nous
avons adopté, ou en désignant tel cas basque par ce qui en
reste, après avoir détaché la racine du mot.

Il est à remarquer que deux cas du latin manquent à
notre langue, mais le vocatif se rendra par le nominatif
indéfini, si c'est une exclamation, et par le même cas au
mode défini, si c'est une interrogation. D'autre part on
verra que la distinction si délicate entre le nominatif actif
et le nominatif passif supplée, et au-delà, à l'absence de l'accusatif.

M. Lécluse a dit que les noms de lieux et de choses font
leur génitif en *ko* et ceux de personnes en *aren.* Cette manière d'envisager les cas n'est pas exacte, et l'on dira aussi
bien *etcheko athea,* la porte de la maison, comme *etchearen hegalza,* le toit de la maison; *etcheko semea,* le fils
de la maison; *etcheko nausia,* le maître qui est dans la

(*) *Erdaran,* tiré d'*erdara,* mot par lequel le Basque désigne une
langue analytique et irrégulière. C'est sans doute par une erreur typo-
graphique que M. A. Fauriel, dans son *Histoire de la Gaule méridio-
nale, sous la domination des conquérants germaniques,* donne à
ces langues le nom d'*edera : eder,* en basque, veut dire beau.

maison ; *etchearen nausia*, le maître de la maison. On voit que la désinence *ko* signifie appartenance de position, tandis que le cas *aren* exprime appartenance inhérente.

Les noms désignant les relations personnelles et qui reçoivent le titre de pronoms, se déclinent uniquement au nombre indéfini, car leur sens précis les dispense du secours de l'*a* final et déterminatif. Il en est de même des noms propres.

L'idée de la déclinaison de mots exprimant généralement des rapports abstraits, doit paraître assez étrange pour qu'on nous sache gré d'en rapporter ici quelques exemples.

Arte,	intervalle;	*artian,*	dans l'intervalle, entre,
Ondo,	pied ;	*ondoan,*	dans le pied, auprès.
Hurbil,	près ;	*hurbiletik,*	de près.
Arau,	conforme;	*arauera,*	et par euphonie, *arabera,* au conforme, selon.
Ghero,	après ;	*nik eghinez gheroz,*	depuis que j'ai fait.
Eretza,	le vis-à-vis;	*eretzian,*	dans le vis-à-vis ; *eretzez eretz,* en parallélisme de mouvement.
Ordu,	heure ;	*orduan,*	dans l'heure, alors.
Bera,	même ;	*beraz,*	par même, donc.
Orai,	à présent;	*oraino,*	jusqu'à présent, encore.
Orainokoan,	dans le jusqu'à présent;	*orainoko artian,*	jusqu'au milieu du présent moment.

Cette dernière forme est encore plus positive que la précédente. La grammaire hébraïque permet aussi de donner à ses adverbes et prépositions les genres et l'état construit, c'est-à-dire de les ramener à leur vraie origine en les traitant comme de véritables noms.

Quand l'Institut de France décerna, en 1830, le prix fondé par Volney à feu l'abbé Darrigol, celui-ci fut déclaré vainqueur principalement à cause du grand développement qu'il avait donné au verbe. Cette illustre assemblée avait bien senti que le génie basque se reflétait surtout dans sa conjugaison, belle, féconde et variée. Nous ne suivrons pas l'auteur du Mémoire couronné dans les raisonnements par lesquels il établit la vraie nature du verbe ; nous ne redirons pas avec lui comment la multiplicité des conjugaisons erdaranes résulte de la confusion de deux idées, celle d'existence ou de rapport affirmé et celle d'action ou de passion. Tout grammairien philosophe nous dispensera d'entrer dans ces détails et saisira mieux le verbe basque par son exposition que par une théorie abstraite. Nous jetterons seulement quelques idées utiles dans ces prolégomènes.

Notre verbe, comme celui de plusieurs autres langues, se compose de formes simples (qui se modifient en basque suivant les rapports ou les régimes) et de formes composées, où ces mêmes modifications s'expriment par les temps simples, qui en sont la base, et par l'adjonction simultanée d'un nom verbal. Ainsi nous disons *niz*, je suis, et *izan niz*, j'ai été. On voit que le verbe prend pour auxiliaire son propre nom, comme on dit en français : j'ai eu, j'avais eu ; aussi le Basque illettré, qui commence à parler français, est-il fort apte à dire : je suis été. Notre verbe possède aussi des temps précieux par leur finesse et que la langue française a presque vus tomber en désuétude, *eghin izan nuen*, j'avais eu fait, etc.

Nous ferons remarquer une singulière lacune dans les détails de notre conjugaison : les formes *niz*, tu es ; *haï*, il t'a, s'appliquent également à une femme et à un homme (*). Ce manque de distinction est d'autant plus bizarre qu'il n'existe pas dans les modifications voisines.

(*) Un autre défaut du basque, c'est la confusion entre *bat*, nom de nombre, et *bat*, mot partitif : c'est le même manque de distinction qui existe en français. En effet, l'anglais rendra notre *un* tantôt par *a*, tantôt par *one*. Notre langue pousse quelquefois trop loin sa négligence à distinguer les sexes. Ainsi, *potsou, chakhour, hor*, sont trois noms du chien : le basque ne possède ni mot, ni désinence, pour distinguer la chienne.

Les formes du vous singulier n'admettent pas de distinction pour le féminin, parce que le respect fait oublier le
sexe. Oihénart a dit que cette modification a été produite
par corruption et pour imiter les langues voisines qui donnent le titre de vous à une seule personne. Nous ne pouvons croire à une pareille origine de notre *zu*. D'après
cette hypothèse, la langue basque aurait donc procédé
autrement que celles qui lui auraient servi de modèles. Il
est d'ailleurs contraire à toute analogie connue de supposer
une création dans son propre fonds, au lieu d'un emprunt
de l'étranger qu'on aurait voulu imiter.

Nous avons tâché d'apprécier de sang-froid le caractère
de l'*Eskuara*, dans ses beautés comme dans ses défauts ;
car aucune langue humaine n'est parfaite : nous avons
essayé de nous tenir en garde contre l'enthousiasme si naturel, alors qu'on définit la langue de ses pères. Loin de
vouloir isoler l'*Eskuara* des milles formes de la parole
répandues sur la terre, nous lui avons cherché des analogies : car les lois de l'humanité sont les mêmes partout. Il
est peu rationnel d'attribuer au Créateur autre chose qu'un
plan unique dans le développement de la pensée, soit par
l'écriture, soit par la parole ; et si la langue basque présente
une physionomie singulière, nous devons la regarder comme
un débris qui surnage au milieu de longues invasions. Nous
allons présenter quelques remarques sur les langues dont
la grammaire présente des analogies avec l'*Eskuara*.

La préfixe *he* de l'hébreu joue le même rôle que la suffixe *a* du basque, c'est-à-dire que l'une et l'autre sont
tantôt article et tantôt particule interrogative. L'article est
même suffixe dans le chaldéen et le syriaque. L'enclitique
ha, c'est-à-dire le *he* avec un *kamets* signifiant vers, est
en hébreu, une *postposition* ou cas, de même que notre
at qui a la même signification. L'idée d'avoir, exprimée par
le verbe être joint au nom qui n'est plus au nominatif passif, le signe de l'accusatif accompagnant parfois le sujet de

la proposition, l'accroissement d'énergie que donnent deux
négations dans une même phrase, sont tous comme formes
de syntaxe, identiques dans les deux langues. L'hébreu
construit le participe non comme mode du verbe, mais
comme adjectif ou substantif : nous disons ainsi en basque
ez izanez, par l'absence, mot à mot par le non-été.

Plusieurs de ces remarques s'appliquent également à la
langue arabe.

Le latin nous paraît offrir le phénomène remarquable
d'une langue ayant perdu, en partie, une riche déclinaison
sans l'avoir remplacée par l'article déclinable des Grecs et
des Allemands, et bien moins encore par l'article invariable de l'arabe ou de l'anglais. On voit encore une trace des
postpositions latines dans les mots *nobiscum, secum,* etc.,
formes exceptionnelles dans le latin, mais normales dans
la langue basque. Ces exemples serviront à montrer qu'un
idiome n'éprouve pas autant de difficulté qu'on l'aurait cru
d'ailleurs à changer des enclitiques en prépositions. Cette
idée est corroborée par le procédé suivi dans l'idiome basque,
lorsqu'il fond ensemble un verbe et un nom par la permu-
tation totale des syllabes. C'est ainsi que de *yakiten
dut,* je sais, nous avons fait *dakit,* d'*egoiten niz,* je reste,
nago, etc. Quelques mots lapons se fixent indifféremment
devant ou après le nom principal. Si l'on admettait cette
donnée dans l'examen comparatif du latin et du basque, on
trouverait plus d'un rapport entre les deux langues, soit
dans le verbe, soit dans le nom. Sans vouloir prononcer
définitivement sur des relations qui exigeraient un mur
examen, nous transcrirons toutefois le parallèle suivant :

	Musa,	(la muse;)	ama,	(la mère.)
	Musæ,	(a, e;)	*amaren,*	
	Musæ,	(aï;)	*amari,*	r euphonique.
Ad	*musam,*		*amarai,*	
Ex	*musâ,*		*amatic,*	(t euphonique.)
In	*musâ,*		*aman.*	

Cum musâ,	*amarekin.*
Inter musas,	*amenartin.*

On peut appliquer au latin la remarque si ingénieuse faite par M. Bopp à l'égard de quelques verbes grecs et qui les ramène à la formation basque : en effet, *istimi* est vraisemblablement contracté de *istas imi* (je suis debout).

Nous ne répéterons pas le parallèle qu'on a tracé entre la déclinaison latine et celle du sanscrit. L'idiome sacré de l'Inde, comparé à celui des Basques, offre encore bien d'autres points de rapprochement qu'il n'entre pas dans notre plan de détailler ici.

En étudiant les langues de l'Europe pour rechercher ce que chacune d'elles peut avoir de commun avec les allures si originales de la syntaxe basque, on est surtout frappé du caractère de ce groupe d'idiomes dont le hongrois, le finnois et le lapon forment les branches principales. Parmi les détails de grammaire qui rapprochent singulièrement ces langues de l'*Eskuara*, nous citerons les suivants :

1° La déclinaison des noms de tout ce groupe offre dix cas ou treize, et même quatorze, lorsqu'on y distingue un vocatif identique d'ailleurs avec le nominatif, et quand on y joint des propositions qui peuvent cependant exister isolément, comme les terminaisons basques *gabe*, *gabian*, etc. Quelques-uns des cas offrent même des ressemblances syllabiques avec l'*Eskuara*.

2° Les noms n'ont point de genre.

3° Quelques-unes de ces nuances que le hongrois introduit dans ses verbes se rapportent à ces modifications dont Astarloa voulait faire autant de conjugaisons. L'*Eskuara* possède même des composés qui manquent en hongrois, comme :

Maithatzen dut,	j'aime (je suis aimant).
—niz,	je m'aime.
Maithatua dut,	*habeo amatum.*
—niz,	je suis celui qui est aimé.

Maïtharazten dut,	je fais aimer.
— *niz,*	je me fais aimer.
Maïthatzen aldut,	je puis aimer.
— *oldut,*	j'ai coutume d'aimer.
Maïteago dut,	j'aime mieux.
Maïtharastenago dut, etc.,	je fais aimer mieux, etc.

4° Le hongrois exprime le régime dans le verbe; mais seulement pour la seconde personne à l'accusatif. Ainsi, *latlak* veut dire : je te vois.

5° Tout nom peut devenir verbe dans tout ce groupe de langues : la réciproque est également vraie.

6° Ces langues mettent le mot qui qualifie devant le mot qualifié, ce dernier recevant seul l'inflexion que demande la phrase. Dans l'*Eskuara*, c'est aussi le dernier mot qui se décline; mais celui-ci n'est pas le nom principal.

7° Le hongrois et le lapon expriment toujours l'idée j'ai, par la tournure basque et arabe, est à moi.

8° Le deuxième présent lapon se forme du verbe être et du nom verbal au cas locatif, analogie parfaite avec le basque. *Làm jaackemen, sinhesten dut*, je crois. La langue anglaise emploie la même tournure : *I am writing*, j'écris. Le futur lapon est aussi quelquefois composé du verbe être et d'un nom au génitif.

9° Dans toutes ces langues, les désinences *ats*, *ke*, paraissent tout à fait analogues aux mêmes formes en basque, soit pour leur position, soit pour leur signification. Le lapon accumule, comme nous, les terminatives de diminution et de comparaison (*).

(*) Nous avons déjà dit de l'*Eskuara* ce que Lindhal et Oehrling ont si bien exprimé à propos du lapon : *Hæ voces phrasesque sæpé tales sunt et tam singularis energiæ ut in aliud idioma ægré transferri possint, atque si versiones ex unâ in alteram linguam meritò censentur requirere eruditionem solidam ingeniumque acutum, multò adhùc erit difficilius negotium ex linguâ laponicâ in aliam quamvis quidquam transferre, propter idiotismos hujus linguæ indolemque singularem.*

Les différences les plus frappantes que présentent le hongrois et ses langues congénères, lorsqu'on les compare avec l'*Eskuara*, sont : l'absence de l'article ou le peu d'uniformité dans la terminaison de leurs noms, le manque du nominatif actif, la pluralité des paradigmes de déclinaison et de conjugaison, l'usage d'un nombre duel, des pronoms possessifs suffixes comme en arabe, d'une conjugaison celtique, et de quelques noms conjonctifs qui ne se détachent pas.

La langue géorgienne a comme le basque et le finnois un grand nombre de dialectes et quelques autres caractères d'une langue primitive ; mais ses affinités avec l'*Eskuara* sont moins nombreuses que nous ne l'avions cru d'abord (*).

En effet, la déclinaison géorgienne n'est pas tout à fait simple et unique ; les idées abstraites et subordonnées *qui*, *que*, ne s'expriment point par des suffixes inhérentes au verbe ; les trois modes indicatif, impératif et participe, n'ont pas d'analogie avec la conjugaison basque ; les accessoires synthétisés du verbe ne suffisent pas à l'expression simultanée de deux régimes ; la conjugaison n'est pas comparable à elle-même, et sa composition singulière offre une physionomie erdarane et syncopée. Toutefois on y aperçoit encore le souvenir d'une ancienne conjugaison plus régulière.

Parmi les traits communs au géorgien et à l'*Eskuara*, nous ferons remarquer :

L'absence de genres dans les noms et d'accusatifs dans la déclinaison ; l'existence des aspirées *kh*, *th*, et des cas complexes dont quelques-uns sont aussi formés chez nous par une combinaison avec le génitif ; la confusion des noms substantifs et attributifs ; les noms verbaux substitués à

____

(*) Nous avons puisé nos idées sur cette langue dans l'excellente grammaire géorgienne publiée par M. Brosset jeune, Paris 1834 ; et dans l'introduction à ses Mémoires sur l'histoire des pays géorgiens, Paris 1833.

l'énonciation si vague d'un ou de plusieurs infinitifs; la numération par 10 et par 20; l'identité des mien, tien, possessifs, avec les génitifs du moi, du toi; la formation des noms qualificatifs entés sur des noms déclinés; l'usage simultané de préfixes et de suffixes dont le basque offre quelques exemples, comme *eztudala* (que je n'ai pas), et enfin les dérivatifs géorgiens qui répondent, quoiqu'en petit nombre, à nos terminatives. Les formatives personnelles du verbe offrent avec le basque une obscure analogie qui se trouve dans la combinaison du verbe substantif avec le cas modal pour former un futur. Cette exception est la règle générale en basque : le modal géorgien correspond à notre cas en *an*. Les particules ou suffixes d'affirmation dans cette langue sont beaucoup plus variées que dans la nôtre.

Il y a encore d'autres rapports sur lesquels nous voudrions insister. Le nom géorgien précédant le verbe comporte une signification adverbiale, laquelle est d'ailleurs souvent rendue par un nom au cas instrumental. On a déjà vu que des noms au mode indéfini, tels que *egun*, jour, *bihar*, lendemain, ont été violemment relégués parmi les adverbes, et la terminative adverbiale *ki* se rapproche beaucoup de notre cas en *kin*, dont l'analogue a été nommé instrumental en géorgien. L'*a* final est aussi le signe de l'interrogation; mais cette fonction n'est pas aussi absolue ni aussi généralisée que dans l'*Eskuara*. Cette voyelle déterminante est remplacée par l'*i* final, qui, suivant M. Brosset, est une sorte d'isaphet d'unité, le générateur d'un sens concret et déterminé. Nous avons peine à ne pas voir dans l'un des deux pluriels attribués aux noms géorgiens une grande analogie avec notre mode indéfini. En effet, on ne conçoit pas l'existence ni l'usage simultanément facultatif de deux pluriels dont l'un est certainement quelquefois employé avec le sens du singulier.

En géorgien, quand un nom en régit un autre, celui-ci

prend le cas du premier surajouté au génitif qui lui est imposé comme dépendant du premier mot. C'est ce que M. Brosset appelle double rapport : cette forme existe en basque, mais seulement quand on veut rendre la phrase plus certaine, plus positive. Elle a déjà disparu du style vulgaire des Géorgiens; et c'est peut-être encore ici un exemple de la tendance des langues à quitter leurs premières habitudes pour revêtir des formes analytiques. Mais nous soulevons sans la décider cette question délicate.

Les degrés de comparaison du nom *bon* sont irréguliers dans la plupart des langues indo-germaniques. Les formations régulières et irrégulières existent simultanément dans le géorgien, le basque et dans les différentes branches du groupe ouralien ou finnois. Ces coïncidences dans la règle et dans l'exception ne sauraient être aujourd'hui qu'un rapprochement curieux : elles serviront peut-être, alors qu'on aura pénétré les harmonies qui doivent exister entre la pensée et la parole, si jamais la science humaine peut atteindre jusque-là.

Le wolofe, langue parlée par plusieurs nations nègres qui habitent la Sénégambie, offre moins de conformité avec l'*Eskuara*, si on le compare aux idiomes déjà cités dans l'Europe orientale. Cependant les verbes se modifient pour former des noms et se décliner ; tout nom se conjugue, c'est-à-dire exprime nos idées verbales par des noms invariables dans un même temps, et qui définissent leurs relations par l'adjonction de pronominatifs. Il serait plus juste de dire que la langue wolofe sous-entend toujours son verbe ; car l'idée de l'être n'y est jamais exprimée autrement que par l'affirmation abstraite. On voit que c'est la première nudité d'une langue qui n'a revêtu aucune draperie ni d'idéalité ni de philosophie. Nous ne saurions regarder comme articles dans cette langue les particules qui suivent les noms, et dont les consonnes se modifient par attraction suivant la lettre initiale du mot. Ces prétendus articles

wolofes *by*, *bou*, *ba*, correspondent aux noms démonstra-
tifs basques *hau*, *hori*, *houra*, celui-ci, celui-là, celui-là
là-bas; car la vraie fonction de l'article, tel que nous le
concevons, est de particulariser tout individu substantif,
sans égard à sa position dans l'espace. Le nom wolofe n'a
pas de genre, et par suite le substantif ne se distingue pas
de l'adjectif; mais la déclinaison étayée de prépositions est
très-pauvre. Comme en basque, il y a trois modifications
terminales du nom verbal, pour former des temps, les
mots *na*, *nga*, *na*, je, tu, il, servant à remplacer le verbe
être. Mais ces mots pronominaux n'ayant pas d'inflexions
par rapport aux temps, il a fallu emprunter le secours de
particules, à peu près comme les mots *baldin*, *heya*, etc.,
usités dans notre dialecte labourdin. La langue wolofe
possède un système de terminatives analogues aux nôtres,
quoiqu'elles ne correspondent pas dans les deux langues;
car les modifications d'une idée ne sont pas comme des cas:
ces derniers sont générés nécessairement par les positions
du nom, tandis que les nuances des idées dépendent d'un
ordre de choses moins matériel, de la tendance et des besoins de l'âme qui gouverne et crée le langage; elles doivent donc varier selon la situation physique et morale des
peuples.

Passant aux contrées transatlantiques, nous nous trouvons
dans le dédale des langues américaines, si nombreuses et si
peu connues. On sait qu'en général ces idiomes ont une
ressemblance commune dans la grammaire, mais qu'ils
diffèrent singulièrement dans les racines. Les analogies qui
se rapportent à ces deux ordres de phénomènes, le fond
et la forme, suivent quelquefois une marche parallèle dans
les langues que nous avons examinées ci-dessus, le wolofe
seul excepté. Ainsi les langues laponne, hongroise, finnoise, latine, hébraïque, arabe et géorgienne, nous ont
offert plusieurs racines communes au basque, malgré le peu
de développement que nous avons donné à ce genre d'é-

tude ; car des recherches étymologiques exigeraient de vastes travaux que n'admettent ni le plan d'une grammaire ni les bornes d'une préface (*).

Dans les langues primitives de l'Amérique, au contraire, la constitution de chaque mot a une physionomie étrangère, et pour trouver des rapports avec le basque, il faut se borner à la grammaire. Ici les analogies sont nombreuses et le seraient peut-être davantage, si la plupart des auteurs n'avaient suivi de trop près la marche de la grammaire latine. On serait donc obligé de posséder ces langues à fond pour décider si elles ne se prêteraient pas plus aisément à une autre classification. Toutes nos idées sur la grammaire basque se trouvent implicitement renfermées dans l'*Imposible vencido* de Larramendi; il faudrait cependant un rare bonheur pour les en dégager sans le secours de quelques études moins secondaires.

Le nom mexicain n'a pas de genre et fait sa déclinaison par des postpositions. Il ne forme pas ses mots composés par une désinence que prendrait l'un des noms composans. Cette méthode est assez commune dans les langues d'Amérique pour justifier le nom de langues par agglutination que leur a donné un savant philologue. Il n'y a aucune distinction factice qui fasse sortir les adjectifs ou les adverbes mexicains du rang des noms. D'un autre côté, les possessifs sont préfixés au mot, et les noms de choses inanimées n'ont pas de pluriel.

(*) Ces langues sont rangées suivant l'importance et le nombre de ces rapports avec l'*Eskuara*, autant du moins qu'on peut en juger à un premier aperçu. Si nous ne mettons pas la langue latine en tête, c'est pour ne pas préjuger la thèse, très-soutenable d'ailleurs, qui présente cette langue comme dérivée en partie du basque, et par ses étymons et par sa grammaire. — Nous avons aussi trouvé quelques racines communes à l'*Eskuara* et au *Gaoileag*, ou langue primitive d'Irlande. — Quant au sanscrit, pour avoir un premier aperçu de ses analogies avec le basque, on peut consulter la *Lettre à M. Xavier Raymond*, par Augustin Chaho. Paris, chez Arthus Bertrand, 1836.

Le verbe se compose d'un nom verbal précédé d'une affixe personnelle qui se modifie pour indiquer un ou deux régimes. La terminaison *ni* donne au verbe la signification de ce qu'on appelle communément participe : c'est l'analogue du *na* basque. *Du*, il a ; *duna*, celui qui a, ayant. On trouve aussi des noms verbaux combinés tantôt avec être, tantôt avec un autre verbe dit régulier, à la troisième personne. Ceci présente une certaine ressemblance avec le basque. Nous disons ainsi : *jaten nago*, je reste à manger. Dans plusieurs cas, le mexicain emploie à la fois des préfixes et des suffixes. G. de Humboldt a très-bien montré que le verbe basque se dédouble dans la formation des verbes syncopés : c'est ainsi que *yakiten d-u-t* a formé *d-aki-t*.

La langue quichua, parlée par les aborigènes du Pérou, est l'une de celles qui ressemblent le plus à la nôtre. Elle a huit cas suivant les grammairiens, et doit en posséder davantage, puisque les prépositions s'y changent en postpositions. Ces cas correspondent aux nôtres en *a*, *aren*, *ari*, *at*, *arenzat*, *an*, *ik* et *arekin*. Le vocatif se confond avec le nominatif ; l'*a* final paraît jouer un rôle analogue au nôtre, et il n'y a qu'un seul type de déclinaison qui s'étend aussi à l'infinitif des grammairiens. Tout verbe forme aussi un nom par l'adjonction de la finale *na*. L'infinitif devient ce qu'on appelle un adjectif, en ajoutant la syllabe *pac* qui, dans la déclinaison, correspond à notre désinence *ko*. Le verbe péruvien exprime, par ses inflexions, un grand nombre de rapports de personne à personne ; mais ces verbes sont dans la forme syncopée. D'un autre côté les degrés de comparaison dans les noms se forment, comme en français, par le secours d'un mot adverbial ; les possessifs s'expriment par des suffixes et n'exigent que par redondance la présence du génitif du nom de la personne ; on a vu que cette dernière méthode d'exprimer la possession est la seule usitée en basque.

En prenant pour types de ce petit nombre de comparaisons les principales langues des deux hémisphères, nous croyons en avoir dit assez pour encourager les philologues à poursuivre ces rapprochements. Nul doute que leurs œuvres ne seront pas stériles. Déjà de beaux travaux ont réuni par la grammaire et par les racines la grande famille indo-germanique. La science a encore un autre pas à faire ; elle doit un jour montrer comment le langage s'est formé, s'est perfectionné peu à peu, de même que l'écriture alphabétique a lentement surgi, par l'intermédiaire des signes homophones, du chaos des hiéroglyphes. Autant que le permet l'état si imparfait de la linguistique, nous hasarderons quelques idées sur cette grande question.

Comme on peut le voir par l'éducation du sourd-muet, tout langage commence par des noms concrets ; puis on apprend à généraliser : de là naissent lentement les noms abstraits et qualificatifs, les cas et les terminatives dont on trouve des vestiges dans toutes les langues. Tel est le langage de tant de peuplades nègres ; c'est ainsi que des nations peu avancées bégayent leurs idées.

Pour arriver au verbe, au lien de la proposition, il a déjà fallu un grand perfectionnement dans une nation. Les noms abstraits de l'existence présente ou passée combinés avec les noms abstraits des personnes, auront formé les premiers éléments de la conjugaison, c'est-à-dire le présent et le passé. Les formes *niz* (*ni iz*), *nintzan* (*ni izan*), montrent les traces du nom qui s'est fondu avec l'*iz*, essence ou base du verbe. Fallait-il encore reculer dans le temps et inventer les parfait, plus-que-parfait, etc. ? Le nom de l'existence accomplie *izan* s'est ajouté à l'idée générale *iz* ou bien à lui-même, formant ainsi un superlatif du passé. De là *izan niz*, *izan nintzan*, j'ai, j'avais été. Les modifications du verbe pour exprimer les relations des personnes peuvent être suivies de la même manière. Dès qu'on a possédé le verbe être, on l'a combiné avec les noms verbaux

1

pour exprimer les idées d'action. Cette marche est naturelle, positive, et a dû se présenter d'abord dans l'enfance de la société.

Le troisième état des langues se voit dans les formes syncopées où le nom verbal s'intercale dans le verbe dédoublé. Le basque commence à nous en offrir des exemples ; mais le mot ainsi condensé conserve encore toutes les inflexions pour les rapports complexes de sujets à régimes. De là, pour passer aux formes des langues analytiques, la transition est facile à saisir. L'inflexion du verbe s'accorde avec celle du régime : ainsi nous disons, *galdu ditut indarrac,* j'ai perdu mes forces; mot à mot : je les ai perdues mes forces. Peu à peu, en exprimant toujours le nom d'une façon indépendante, on s'est affranchi d'une inflexion verbale trop spéciale dans son individualité, et dont l'utilité ne se faisait plus sentir aussi impérieusement à côté du nom (*). La déclinaison s'est divisée en même temps. Les cas sont devenus d'abord préfixes, ensuite prépositions séparées. Enfin l'article détaché vient reproduire une partie de la précision qu'on avait perdue, en déviant de la règle primitive. Les langues des races noires, le basque, le latin et le français peindront successivement cette transformation dans la manière de rendre la pensée. La langue géorgienne montre les transitions d'un état à un autre par ses postpositions, qui peuvent se décliner isolément et former des adverbes de temps et de lieu, et par la conjugaison de ses verbes, laquelle ne suit pas une marche uniforme.

Une autre question tout aussi grave se présente à l'esprit du philologue. Quelles douleurs de la pensée créatrice, quelles guerres, convulsions intestines ou influences étrangères ont brisé l'unité du plan si froissé dans la plupart des

---

(*) On voit une preuve de cette génèse de ce qu'on appelle verbes actifs, dans la différence de leurs inflexions, comparées à celles du verbe essentiel qui les a fait naître. Aussi le verbe être est-il dit irrégulier dans presque toutes les autres langues.

langues, si simple et si fécond dans l'*Eskuara* ? « Une chose
remarquable dans le basque, c'est que cette langue épuise
toutes les modifications d'une manière parfaite. » Telles
sont les paroles de G. de Humboldt : nous ajouterons que
cette langue ressemble à une savante algèbre : ses éléments
sont simples, ses combinaisons nombreuses, ses résultats
satisfaisants ; ses principes et sa composition n'amènent
qu'à un très petit nombre de questions insolubles. Mais
pour développer des principes si simples et si grands, n'a-t-
il pas fallu une grande supériorité morale ou une grande
sécurité dans l'avenir de la vie physique et politique ? Les
autres langues doivent-elles toutes leurs irrégularités de
syntaxe et de grammaire aux mélanges opérés par des
invasions ? ou se seraient-elles pliées à ravir aux autres
idiomes ce qu'ils avaient de saillant dans leurs caractères,
s'enrichissant ainsi de ces dépouilles par un instinct de
domination ? Quelle est la circonstance physique ou morale qui arrête et fixe une langue dans telle phase de sa
formation ? Ces questions ne peuvent être résolues qu'en
théorie ; car les faits manquent, car on n'a pas assez étudié
les langues dans leurs divers degrés de création, depuis la
horde qui use d'un mince vocabulaire jusqu'à la nation qui
parle par la bouche de ses grands écrivains.

Quoi qu'il en soit, on serait tenté de croire que par le
mouvement progressif de l'esprit humain, les langues
obéissent à deux tendances qu'il serait curieux d'étudier
dans leurs rapports avec l'éloquence de la parole et la métaphysique de la pensée. Au lieu qu'auparavant les besoins
imprévus s'exprimaient par un petit nombre de racines déjà
connues, mais soumises à des combinaisons nouvelles, les
mots nouveaux viennent maintenant de l'étranger avec ses
idées jusqu'alors inconnues, et l'unité de la grammaire primitive se brise par l'introduction de termes indéclinables,
des verbes irréguliers et des exceptions de syntaxe. Les
nations les plus complexes par leur origine, les langues les

plus hétérogènes par leurs emprunts semblent être appelées à guider l'avenir de l'humanité. Les alliages prédominent comme dans le monde physique. Les langues synthétiques sont nées de la nature qui conçoit d'abord d'un seul jet : les langues analytiques sont produites ou par une longue habitude de distinction et d'abréviation, ou par l'effort violent d'une invasion étrangère. Les langues d'analyse ont pris le dessus dans le monde. La loi qui produit et régit ces phénomènes a sans doute ses harmonies et sa grande fin.

Nous ne cherchons pas à nous dissimuler ce que ces idées peuvent avoir d'hypothétique; mais nous avons cru plus utile d'en faire mention que de les taire. Quelque esprit élevé saura les apprécier à sa juste valeur : peut-être provoqueront-elles quelques recherches fécondes; peut-être en surgira-t-il quelque grande vérité.

II.

Il n'existe qu'un petit nombre de livres basques imprimés, et plusieurs d'entre eux sont fort rares, même dans le pays. Nous avons donc pensé faire plaisir aux amateurs des littératures originales, en donnant une liste des ouvrages connus (*). Nous commencerons par les grammaires et les dictionnaires, et nous tâcherons d'apprécier leurs défauts et leurs mérites. Nous passerons sous silence les ouvrages qui ont envisagé la langue sous le point de vue historique seulement, ces travaux étant pour la plupart étrangers à la grammaire proprement dite.

1607. On doit rapporter à cette date la publication de la première grammaire basque. L'ouvrage est imprimé au Mexique, pour l'usage des Basques, fort nombreux alors,

---

(*) Nous devons à la complaisance de M. E. Coquebert de Montbret d'avoir pu consulter la plupart des volumes rares qui manquent à notre collection.

comme aujourd'hui, dans le Nouveau-Monde. Nous avons vu un exemplaire de ce volume très-rare; en ce moment, nous ne pouvons en parler que de souvenir. L'auteur, Balthasar de Etchabe, était de Zurbieta en Guipuzcoa; son travail est vivement critiqué, et avec raison, par les deux auteurs suivants. Depuis Larramendi, il paraît avoir été entièrement oublié par les auteurs.

1638. *Notitia utriusque Vasconiæ, tum Ibericæ, tum Aquitanicæ*, etc. Auct. Arnaldo Oïhenarto Mauleosolensi. Paris in-4°, 558 p. avec index et errata (*). Ce volume est une sorte d'encyclopédie basque. Le chapitre xiv du 1er livre est consacré à un aperçu de la grammaire. C'est peut-être la partie la plus faible de l'ouvrage. Cependant Oïhénart a bien distingué les deux modes des noms que Larramendi paraît avoir méconnus; mais il se traîne dans l'ornière de la grammaire latine quand il borne à six l'énumération des cas, et même à cinq dans la déclinaison articulée. Nous ne pouvons croire avec lui que le pluriel de *ni*, moi, se forme irrégulièrement. Ce nom par sa nature abstraite et restreinte ne comporte ni singulier ni pluriel, et sa déclinaison au nombre indéfini est très rationnelle. *Gu*, nous, est un autre nom abstrait qui n'a de commun avec le précédent qu'une analogie de relation.

Oïhénart n'a pas été heureux dans l'exposé de la conjugaison. Il appelle verbes propres les formes syncopées *dekussat*, je vois, *nator*, je viens, et verbes impropres les formes normales, *ikhusten dut*, je vois, etc., lesquelles sont en immense majorité dans la langue. La conjugaison de cet auteur est rapetissée et défigurée quant au subjonctif, au participe, etc. Cependant il a reconnu en son infinitif par *icea* un nom substantif. Il distingue dans les deux formes du verbe *naiz* et *dut* des auxiliaires subordonnés, *adi* et *esac*,

(*) Quelques exemplaires portent un titre daté de 1656, avec cette fausse énonciation : *Altera editio emendata et aucta.* Nous n'en connaissons pas de seconde édition.

et il appelle subconjugaison l'ensemble des modifications eu
égard au genre et à la position des interlocuteurs. Parmi les
singularités de son orthographe, nous remarquons la sub-
stitution de l'esprit rude du grec à l'*h* latin, même au milieu
d'un mot. Quoique Souletin, Oïhénart ne perd pas une occasion de déclamer contre les différences de dialecte des Basques orientaux, et il a puisé tous ses exemples dans le dialecte du Labourd. Il stigmatise nos locutions du titre de
formes corrompues.

1642. *Thesora hirourlenguietaqua Francho Espanola
eta Hasquara*. Bayonne in-8°, avec un mémoire composé
de toute espèce de mots très-curieux. C'est le premier vocabulaire connu de la langue basque : les auteurs du *Mithridates* l'attribuent à Vincent Garcia Ordonnez de Lloris.

1729. *El imposible vencido. Arte de la lengua Bascongada, su author el P. Manuel de Larramendi de la C. de
Jesus, maestro de theologia de su real colegio de Sa-
lamanca*, petit in-12 de 404 p. imp. à Salamanque. Cet
ouvrage est connu de tous ceux qui ont étudié la langue
basque. Le titre, un peu fastueux, puisque Etchabe et Oïhénart
avaient déblayé la matière, est cependant justifié en grande
partie par la sagacité de l'auteur et sa profonde connaissance
de la langue basque. Dans un siècle et surtout dans un pays
où l'on donnait cours rarement à des idées neuves et générales, Larramendi avait senti que les règles connues de la
grammaire étaient insuffisantes pour exposer le génie
synthétique de sa langue (*). Il détaille bien les nuances des

(*) *Otros que han estudiado mal o bien la Gramatica latina,
piensan que essa ha de ser la regla de todas las demas Grama-
ticas : de donde nace que piden unas raras puntualidades en Bascuence y otras lenguas comparadas precisamente con el latin; y
no reparan que pidiendoseles al trocado otras cosas que se hallen
en el Bascuenze, y demas lenguas, no se encuentran en el latin....
Y una doctrina por synthesis.... Es el methodo que sigo por pare-
cerme mas acomodado para la materia presente.* (Arte de la leng.
passim.)

différents temps du verbe, apprécie parfaitement la nature de l'impératif, et fait voir l'existence simultanée des deux formes, *ethortzen naiz* et *nator*, je viens. Il appelle cette dernière et ses analogues verbe irrégulier, mais la conjugue dans la plupart de ses inflexions relatives. Dans ses exemples de temps conjugués, il donne aussi les variations usitées en Labourd et en Biscaye, ce qui est d'un grand intérêt ; car les relations et la vraie nature des mots s'éclairent par la comparaison des dialectes. Dans sa syntaxe, Larramendi expose avec détails plusieurs finesses de langage inconnues à toutes les autres langues de l'Europe.

D'un autre côté, le savant jésuite n'insiste pas assez sur les terminatives, et ne les présente pas comme pouvant en général s'adapter à toute espèce de mots, ce qui est l'un des traits saillants de la langue. Il a méconnu le mode indéfini qui avait été indiqué par Oïhénart, et dit que les substantifs forment des adjectifs en *ezco*, erreur copiée par Harriet et par M. Lécluse. Notre auteur adopte avec les grammairiens latins l'inutile distinction entre un participe *amatus* et un infinitif ou supin *amatum*. Il divise les conjugaisons en absolues et relatives, et les subdivise en vingt-trois individualités, ce qui l'a empêché de présenter toutes les variétés de relation dans un même ensemble. D'ailleurs, le nom de conjugaison, dans un sens exclusif, est généralement donné à des paradigmes dont chacun présente des *suites* d'inflexions dans tous les temps et dans toutes les personnes. C'est ravir à ce mot son acception ordinaire que de l'appliquer, par exemple, à toutes les formes de relation qui peuvent avoir lieu entre les personnes *je* et *tu* féminin, faisant les frais d'une autre conjugaison pour *je* et *tu* masculin. Dans la syntaxe, le professeur de Salamanque s'est exposé à beaucoup d'embarras et de redites pour n'avoir pas établi que la déclinaison et la conjugaison s'appliquent réciproquement à tout mot basque. On en voit un exemple dans *ditugunean*, lorsque nous avons, où la finale *ean* est qualifiée d'adverbe enclitique.

A l'exemple d'Oihénart, l'*Imposible vencido* se termine par un petit traité de prosodie et de versification, partie délicate et fort habilement traitée.

1741. *Gramatica Escuaraz eta Francesez composatua Francez hitzcunça ikhasi nahi dutenen faboretan*, (Grammaire basque et française composée en faveur de ceux qui veulent apprendre la langue française), par M. Harriet, notaire royal. Bayonne, in-12, 512 p. La plupart des grammaires basques servent à exposer les éléments de la langue *Eskuara*; celle de Harriet, au contraire, est écrite en basque, dans le but d'enseigner le français. Ce but a astreint l'auteur au génie de la langue française, et le met à l'abri de toute critique sur la méthode d'exposition. Elle est d'ailleurs fort curieuse par le rapprochement qu'elle établit entre la richesse de l'*Eskuara* et la pauvreté comparative du français. Ainsi, elle montre dans une même énumération comment le *que* français se rend par onze mots différents, suivant sa signification. Harriet décline l'infinitif, mais sans songer à le présenter dans son vrai état, celui de nom : il traduit verbe par *berboa*, tandis que l'*Eskuara* lui fournissait le mot très-régulier *eraskitza*. En établissant onze cas dans le nom, il expose très-bien les motifs de cette innovation. Il donne les cas du mode indéfini à côté de ceux du nombre singulier, mais comme synonymes et sans expliquer la différence de signification. Il déclare que tous les mots basques sont déclinables, mais n'applique pas suffisamment ce principe, puisqu'il appelle *dudalarie*, tandis que je suis, un participe. Sa liste de terminatives est asséz complète. Toutes ces idées sont contenues dans les remarques sur la langue basque insérées à la fin du volume et à la suite de deux vocabulaires, le premier basque - français, contenant plus de 1,600 mots; l'autre, français - basque, qui en renferme 3,000. Harriet annonce (p. 504) trois autres volumes déjà composés; le premier devait contenir tout au long les verbes divisés d'une façon assez bizarre en cinq conjugaisons, *naïz, dat, daroïat, aut* et *nitçaïc;* le deuxième devait être un dictionnaire; le troisième une syntaxe et un recueil de phrases. Ces ouvrages n'ont pas été imprimés et doivent être entièrement perdus.

1745. *Diccionario trilingue del Castillano, Bascuence y Latin. Su author el padre Manuel de Larramendi de la compania de Jesus. Dedicado à la muy noble y muy leal provincia de Guipuzcoa, San Sebastian. In-folio.* Le premier volume contient un prologue de 229 p. et 436 p. de texte jusqu'à la lettre H inclusivement; le deuxième volume porte la même date et renferme les lettres I...Z en 392 p., plus 10 p. de supplément et d'errata. Ce travail est l'ouvrage capital sur la langue basque, et contient plus de quarante mille mots. Il est entremêlé de phrases basques, de remarques philologiques et présente le tableau de la conjugaison pour la plupart des verbes syncopés. Les personnes qui auront fait le premier dictionnaire d'une langue pourront seuls comprendre par quelle longue suite d'efforts un pareil ouvrage a pu être mené à fin. Le Dictionnaire de Larramendi est si parfait qu'il n'est au pouvoir d'aucun lexicographe à venir d'en faire oublier le mérite. Seulement Larramendi a probablement eu tort d'écrire tous les mots de sa langue avec l'*a* final, méthode qui empêche de reconnaître des mots tels que *ama, aita,* lesquels conservent l'*a* bref au mode indéfini et allongent cet *a* pour passer au nombre singulier.

1809. En l'année 1806 parut le premier volume du *Mithridates,* ouvrage qui a exigé d'immenses recherches, et qui était destiné à présenter, d'après un plan neuf, des idées fondamentales sur l'histoire, les caractères et la littérature de toutes les langues connues. Les premières trente pages du deuxième volume sont consacrées à la langue cantabrique ou basque. L'auteur s'est servi de Larramendi et d'Oïhénart, et il donne le fragment de la déclinaison indéfinie présenté par ce dernier. Nous nous abstiendrons de toute remarque

5

critique sur ce travail d'Adelung et Vater, parce qu'il a été parfaitement apprécié, dans la plupart de ses détails, par le célèbre auteur qui va nous occuper.

1817. *Berichtigungen und Zusätze zum ersten abschnitte des zweyten Bandes des Mithridates über die Cantabrische oder Baskische sprache, von Wilhelm von Humboldt.* Berlin, in-8°, 83 p. (Rectifications et additions à la première division du deuxième volume du Mithridates sur la langue cantabrique ou basque, par Guillaume de Humboldt.)

Tel est le titre de cet écrit, qui fait honneur à l'un des plus grands philologues de notre époque. On a généralement reproché à nos auteurs nationaux trop d'enthousiasme dans l'exposition des principes de leur langue ; et quoique Harriet mais surtout Oïhénart soient à cet égard exempts de tout reproche, on a attribué nos hautes idées de son excellence à une préoccupation de vanité locale. Peut-être nous eût-on jugés moins sévèrement si l'on avait pénétré assez loin dans la connaissance de l'*Eskuara*. Quoi qu'il en soit, feu G. de Humboldt était à l'abri de ces imputations, et l'Europe savante a appris à admirer une langue qu'il avait étudiée avec tant de soin. Doué des plus hautes idées d'une philosophie féconde et sûre, et nourrie par une vaste érudition, il a déployé surtout dans ses considérations historiques sur la langue une finesse d'aperçus et une sagesse d'appréciation dont on n'avait pas encore d'exemple. Mais nous ne pouvons, quant à présent, le suivre dans ses travaux ; et si, d'un autre côté, nous faisons quelques observations sur ses additions à l'ouvrage d'Adelung et Vater, c'est avec tout le respect que nous portons à l'un des pères de la philologie.

C'est sans doute par mégarde que le savant auteur dit que *tu* est la terminaison de l'infinitif présent et l'analogue du *téa* ou *tua* labourdin. Ces formes appartiennent à tous les dialectes. De même nous croyons qu'un nom ne se change pas en verbe par l'addition de la syllabe *tu*, qui n'est qu'une terminative. C'est la conjugaison, c'est-à-dire l'idée collective d'existence d'affirmation et de personne qui constitue le verbe. Nous avons déjà expliqué ce que nous entendons par cas du nom, et nous ne pouvons avec l'illustre philologue n'en établir que trois en basque, puisque les finales *z*, *la*, *raï*, etc., n'ont de valeur que par cette position à la fin des noms : ce sont donc de vrais cas. Nous avons peine à croire qu'il y ait préposition ou postposition quand il y a idée explicative; ou du moins cette manière d'envisager la question ne montre pas pourquoi il faille ranger les finales *i*, *at*, la première parmi les cas et l'autre parmi les postpositions. Enfin nous n'oserons pas appeler adjectif le cas terminé en *co*, puisqu'il se traduit en français par *de*. Ce n'est point une particularité du dialecte labourdin d'avoir le nominatif pluriel en *ec*. Cette finale est dans tous les dialectes le signe du nominatif pluriel actif. Le travail d'Augustin Chaho répondra par son ensemble aux considérations de G. de Humboldt sur les verbes : nous les passerons donc sous silence. L'érudit écrivain a très-bien relevé beaucoup d'erreurs échappées à Larramendi et à Harriet.

1825. *Histoire des Cantabres ou des premiers colons de toute l'Europe, avec celle des Basques leurs descendans directs :* par l'abbé d'Ibarce de Bidassouet. Paris in-8°, tome 1ᵉʳ, 416 pages.

Nous tombons de bien haut pour mentionner cet ouvrage. Il fourmille d'erreurs et n'a d'autre mérite que celui d'avoir provoqué le travail suivant.

1826. *Grammaire Basque* par M. Fl. Lécluse, professeur de littérature grecque et de langue hébraïque à la faculté des lettres de Toulouse, etc. Toulouse in-8°, 224 p.; et dans le même volume : *Manuel de la langue basque, deuxième partie*, contenant un vocabulaire basque-français de 3,690 mots et un autre français-basque qui en renferme 3,000. Cet ouvrage est bien caractérisé par feu l'abbé Darrigol, comme étant le fruit précoce d'un esprit méthodique et pénétrant.

En effet l'auteur s'est probablement trop hâté de composer la grammaire d'une langue fort difficile qu'il ne connaissait que par deux ans d'études. Son épigraphe, qui est la traduction en grec du fameux *veni, vidi, vici,* aussi fastueuse que celle de Larramendi, est au contraire beaucoup moins justifiée par le résultat. L'auteur ne paraît pas avoir connu les travaux de G. de Humboldt, quoiqu'il donne d'ailleurs dans sa compilation plusieurs preuves d'érudition. Cependant il n'a pas toujours été guidé par une saine critique. Ainsi dans son type de déclinaison pris chez Astarloa, il mêle le nombre singulier avec le mode indéfini, bien qu'il donne, dans la syntaxe, le fragment de ce dernier tel qu'on le trouve dans Oïhénart. Quant aux autres cas, M. Lécluse leur donne le singulier titre de formes adverbiales. Sa manière de présenter la conjugaison est confuse et incomplète. Nous devons toutefois lui rendre la justice de dire que cette exposition est le plus grand écueil qui ait été affronté par aucun grammairien. Nous différons d'opinion avec le savant professeur dans les analogies qu'il trouve entre *yaten dut* basque et *I do eat* anglais. La première expression signifie : est à moi dans l'action de manger. La tournure anglaise se rendrait ainsi : je fais l'action de manger. G. de Humboldt dit avec raison qu'il ne suffit pas de découvrir des ressemblances apparentes, et qu'il faut encore voir si ces analogies persistent dans la constitution intime des mots.

Ce qui donne du prix à l'ouvrage qui nous occupe, c'est l'application de nos méthodes modernes et le grand nombre d'exemples que l'auteur a fort bien choisis dans les ouvrages déjà publiés (*). C'est une fort bonne idée d'avoir ajouté au

---

(*) Quelques-uns de ces exemples ne sont pas assez expliqués. Ainsi, *nizanecoa,* formé du verbe *niz,* ne se comprend pas sans une phrase telle que la suivante : Quelle est cette chanson? celle que je chante lorsque je suis gai, *hori zer khanta da ? alaghera nizanecoa ;* mot à mot : Celle du pour le je suis gai. De même, *emaiten dudalacoan,* en ayant l'air de donner, doit se décomposer ainsi en français : dans le pour que je le donne.

Manuel des pièces détachées inédites et des extraits de quelques traductions basques. M. Lécluse a le premier établi, d'après les conseils de mon père, l'existence d'un dialecte particulier dans l'ancienne province de Soule (*Ziberoa*). Cependant il n'en parle pas dans son travail sur les dialectes, où il s'est borné à citer Larramendi. Malgré ses imperfections, le Manuel du savant helléniste a plus fait qu'aucun autre ouvrage pour faciliter la connaissance de la langue basque.

Dissertation critique et apologétique sur la langue basque par un ecclésiastique du diocèse de Bayonne. Imp. à Bayonne, sans date (1827), in-8°, 163 p. Cet ouvrage est le premier travail de feu l'abbé Darrigol, supérieur du séminaire de Bayonne. A une parfaite connaissance de sa langue maternelle cet ecclésiastique unissait une profonde érudition dans la philologie ancienne et moderne. Aussi son œuvre est-il plein de clarté et de méthode. Il est le premier qui ait bien développé la declinaison dans ses trois formes : c'est lui aussi qui a émis d'abord, sur la langue, plusieurs idées que nous avons tâché de reproduire ici. Cependant nous différons de lui dans quelques opinions sur la manière d'envisager les verbes. Selon nous les conjugaisons syncopées ne sont pas les vrais verbes de la langue, et supposent au contraire que le verbe être est sous-entendu : de même la finale *a* affixée au verbe n'est pas une interjection. A part ces idées et quelques autres macules telles que son orthographe que nous n'adoptons pas, nous adhérons pleinement à tout ce que l'ecclésiastique de Bayonne a dit sur la grammaire basque. L'abbé Darrigol, après avoir débuté d'une manière si brillante, formait bien d'autres projets pour sa langue chérie. Déjà il se préparait à fonder une Académie basque, déjà le premier corps savant du monde lui avait décerné son grand prix de philologie quand la mort est venue le surprendre. Sa modestie était au-dessus de tout éloge Bien qu'il ait gardé l'anonyme dans son livre, il s'est cru obligé de demander pardon d'un ouvrage qui doit faire vivre son nom, par la

crainte « que cet objet étranger eût parfois captivé son attention avec quelque détriment du véritable devoir. »

1827. *Diccionario manual Bascondago y castellano y
elementos de gramatica para el uso de la juventud de
la M. L. Y. M. N. provincia de Guipuzcoa con ejemplos
y parte de la doctrina cristiana en ambos idiomas. Por
D. Luis de Astigarraga y Ugarte miembro de la socie-
dad de Instruccion Elemental de Paris,* etc. 2ᵉ édition
Tolosa, in-18, xiv. et 72 p. La 1ʳᵉ édition paraît remonter à
1825 : nous ne la possédons pas. Les trois ouvrages men-
tionnés en dernier lieu sont en dialecte labourdin; celui-ci
prend tous ses exemples dans celui du Guipuzcoa. Il est très-
élémentaire et sans prétention. Le basque et l'espagnol sont
en regard. L'auteur annonce dans sa préface son intention
de publier dans les deux langues, des fables, des modèles
de lettres et des dialogues. Nous ne savons pas s'il a pu exécuter ce projet.

Nous n'avons pas la prétention de donner une liste complète de tous les ouvrages basques publiés. Elle doit être
défectueuse surtout pour les livres imprimés dans les dialectes
du sud. Les circonstances malheureuses où se trouvent nos
provinces transpyrénéennes et dont on ne prévoit pas le
terme, nous ont empêché de prendre des renseignements
suffisants.

XVIᵉ SIÈCLE.

1533. Le premier ouvrage où l'on ait imprimé quelques
mots basques est probablement l'histoire d'Espagne par
Marinœus Siculus *impressum Compluti per Michaelem de
Eguia* mdxxxiii. L'auteur consacre un chapitre (folio xx
verso) à l'antique langue des Espagnols. En terminant il a
cité comme exemples trente-huit mots et dix-neuf noms de
nombre en basque et en latin. A en juger par les verbes cités , ces mots sont pris dans le biscayen. Quelques mots sont
cependant tels qu'on les trouve aujourd'hui dans le Guipuzcoa

et se prononceraient autrement dans la Seigneurie de Biscaye : mais nous aurions peut être tort d'y attacher de l'importance.

1542. Dans les œuvres de Rabelais il est aussi question de la langue basque. Dans l'histoire de Gargantua, liv. i, ch. v, se trouvent les mots *lagona edatera*, camarade, à boire, et au livre ii, parmy les dicts héroïques du bon Pantagruel, le ch. ix contient une allocution d'une quarantaine de mots basques, fort mal écrits et disloqués dans la plupart des éditions.

1571. *Iesus Christ gure Iaunaren testamentu berria.* Imprimé à la Rochelle, chez Pierre Hautin le 22 aout, in-8° de 459 feuillets plus les préfaces et tables. Cette traduction du Nouveau Testament est dédiée à la reine de Navarre Jeanne d'Albret, dont les armes décorent le frontispice de l'ouvrage.

La dédicace en français et en basque porte le nom de Jean de Leiçarrague de Briscous. Un petit sommaire est en tête de chaque chapitre. L'idiome appartient à cette variété du dialecte navarrais, parlée dans le ci-devant pays de Mixe. Malgré l'ancienneté de sa date on y trouve peu d'archaïsmes.

XVIIe SIÈCLE.

1616. *Doctrine chrétienne et oraisons* en beau basque, tel qu'on l'a toujours parlé à Sare en Labourd. L'auteur, qui n'était pas né Basque, se nommait le R. P. frère Et. Materre, de l'ordre séraphique de N. P. S. François de l'observance. Il avait été gardien du couvent d'Avila. Imp. à Bayonne, in-12. L'ouvrage est approuvé entre autres par notre célèbre Axular. En tête est une addition écrite dans un style moins agréable. Nous citons cet ouvrage d'après Larramendi, ainsi que les quatre suivants.

1626. *Doctrine chrétienne en espagnol et basque*, par le licencié D. Juan de Beriain, abbé de la paroisse d'Uterga. Pampelune, in-12, 83 feuillets.

1630. *Noelac eta berce canta espiritual berriac*, par

Jean Etcheberri, doct. en théologie. Bayonne, in-12, un des approuvants dit avec raison de cet opuscule :

Escaldunac hel bequizquit, *Haren ohoratzera,* *Ceren escara eman duen,* *Erdararen ganera.*	Que les Basques me viennent en aide, pour le glorifier, de ce qu'il a mis l'*Eskuara* au-dessus de l'*erdara.*

Le même auteur a publié, sans doute postérieurement, un autre ouvrage plus volumineux, qui a pour titre : *Manual devocionezcoa edo esperen oren oro escuetan erabiltze-co liburuchoa Escarazco versutan eguina eta guztia bi partetan berecia.* (Manuel de dévotion ou le petit livre de tous les instants, fait en vers basques et divisé en deux parties.) La première partie renferme, en vers de huit sylla-bes, les principaux mystères de la vie de N. S. Jésus-Christ. Le 2ᵉ volume est en grands vers de quatorze syllabes.

1635. *Devocino Escuara, Mirailla eta Oracinote-guia,* par Fr. Juan de Haramboure. Bordeaux, cité par Wil-kins dans le recueil de Chamberlayne. On y trouve beaucoup de prières en vers basques.

1641. *Sermons en chapitres*, par Pierre Argainaratz, pré-dicateur ordinaire de Ciboure (en Labourd). Bordeaux, in-12, 572 p.

1642. *Gueroco guero* (mot à mot : après pour après) *aut de non procrastinandâ pœnitentiâ*, par Pierre Axu-lar, curé de Sare en Labourd. Bordeaux, petit in-8º, 623 p. Pierre d'Urtubie, l'un de ceux qui ont approuvé l'ouvrage, appelle l'auteur très-célèbre : un autre dit de lui qu'il est un homme de grand renom dans notre Cantabrie. La postérité a confirmé ces éloges contemporains. L'ouvrage, composé de cinquante chapitres, fait de fréquentes citations aux classiques sacrés et profanes, ce qui produit une variété d'érudition et de pensées telle qu'on la retrouve rarement dans un livre ascétique. Le style est simple et beau. La dédicace à Bertrand d'Echaus, archevêque de Tours, est pleine de candeur, d'é-

loquence et de foi. Nous avons vu souvent de simples labou-
reurs, après des journées de travail, s'extasier devant les
pages de Pierre Axular.

1656. *Catéchisme de Bellarmin*, par Silvain Pouvreau.
Paris, in-8°, cité d'après le *Mithridates*.

1657. Les *Proverbes basques*, recueillis par le sieur
d'Oïhénart, plus les *Poésies basques* du même auteur. Un
second titre, porte : « *Atsotisac edo refravac*, proverbes ou
adages basques recueillis par le sieur d'Oïhénart, à Paris,
MDCLVII », pet. in-8°. Ce volume est d'une excessive rareté. Il a
été révélé au monde savant par G. de Humboldt, qui l'a trouvé
parmi les trésors de la Bibliothèque royale. On n'en connaît
pas d'autre exemplaire. L'auteur, qui avait publié dix-neuf
ans auparavant sa *Notice sur les Vasconies*, commence par
une préface de deux pages. Viennent ensuite six pages de remarques sur l'orthographe, qui est encore le bizarre système
employé dans la notice. Viennent ensuite 537 proverbes
basques numérotés, la majeure partie en dialecte navarrais.
A la page 47 commence l'explication des proverbes en français un peu antique. La pudeur gauloise a empêché l'auteur
de traduire une de ces sentences et lui a fait jeter un voile
sur quelques autres. Cette première partie du volume
contient quatre-vingts pages et renferme, comme explication des proverbes, quelques traditions curieuses du
pays.

A la suite des proverbes est le deuxième titre : « *O^{en} Gaz-
taroa neurthizetan*, la Jeunesse d'O., en vers basques. A
Paris, MDCLVII. » Une préface de deux pages donne quelques
idées sur les règles de la versification basque, mais avec
moins d'étendue que dans la Notice. Suivent quinze pièces en
vers. Les deux premières n'ont pas de titre particulier : viennent ensuite *Arguia Darizanari* (à toi lumière qui brille),
trois pièces. *Maitenaren Gal-Kexua* (élégie sur la perte de
la Bien-aimée), trois pièces. *Churia Darizanari* (à toi qui
es blonde), deux pièces. *Beixaranari* (à la brune), deux

pièces. *Ioanaren Belheguinsarrea* (l'embonpoint de Jeanne), trois pièces ; plus une autre en vers de quatre syllabes et qui n'est pas numérotée. Puis vient une complainte en cent vingt-huit vers sur la mort de l'Épouse , contre les Muses. L'ouvrage est terminé par des vers de dévotion , savoir : les *Commandements de Dieu et de l'Église*, un *Noël*, le *Chant de Siméon* et le *Vexilla regis* , en vers basques. A la fin du volume est un petit vocabulaire de cent vingt mots employés dans le texte avec la désignation des provinces où ils sont usités. Cette deuxième partie de l'ouvrage contient soixante-quinze pages. Comme Axular , Oïhénart a mélangé tous les dialectes. Les proverbes qu'il a recueillis sont pleins d'exemples de concision et d'élégance. Quelques-unes des idées qu'ils expriment , sont de la plus haute portée. Nous avons trouvé dans le texte , des mots qui ont échappé à Larramendi et même à Silvain Pouvreau.

1666. *Eliçaria erabilceco liburia*. Pau en Béarn , cité d'après le *Mithridates* , in-24.

1669. *Manuel devocionezcoa*. Bordeaux, in-8°. Ce livre renferme des cantiques religieux et des prières.

1686. *Doctrine chrétienne avec des prières et pratiques chrétiennes* , la plupart en vers , par le père Bernard de Gasteluzar de la compagnie de Jésus. Pau, in-12, 479 pages. Ce rare volume est cité par Larramendi qui en trouvait le basque très-beau. Nous n'avons pu vérifier en quel dialecte il est écrit.

XVIIIe SIÈCLE.

Nous citerons d'après Larramendi , un petit volume imprimé à Bayonne , sans date ni nom d'auteur. Il contient des exercices spirituels , des prières en prose et en vers , et enfin la passion de Notre-Seigneur , selon saint Matthieu et saint Jean. Le style en est bien soigné.

1720. *Imitation de Jesus-Christ* , traduite par M. Chourio , curé de Saint-Jean-de-Luz. Bayonne, in-12 , réimprimé dans la même ville, en 1760, et à Toulouse, en 1825, dans le même format.

1731. *Guiristinoen doctrina laburra*. Bayonne, in-8°.

1733. Deux Catéchismes imprimés à Bayonne, par monseigneur Pierre Guillaume de Lavieuxville, in-12. Le premier a été réimprimé à Bayonne en 1760 et 1814, in-12, 117 p. ; il ne contient que le texte. L'autre, de 468 pages, explique ce texte en cent dix leçons, divisées en quatre parties.

1748. *Introduction à la vie dévote*, traduite par un prêtre du diocèse de Bayonne, in-18, 564 pages.

1750. *Gudu Izpirituala*, etc., *N. J. D. Donibane Lohitzuco yaun Apheçac berrirò Escararat itzulia* (Combat spirituel, traduit de nouveau en basque par N. J. D., curé de Lohitzun). Toulouze, chez Robert, petit in-12, 355 p. Cette traduction est fort soignée : le dialecte est celui du pays de Labourd. Nous y apprenons par une approbation signée de Robin, curé de Villefranque, qu'il existait alors une traduction plus ancienne, comprenant trente-cinq chapitres au lieu de soixante-six, et fort difficile à entendre.

1759. *Jesusen bihotz sacratuaren aldareco devocionea, meça Sainduco exercicio izpiritual batequin M. G. Francisteguic escuararat itçulia* (Dévotion, etc., traduit par M. G. F.) Toulouse, in-8°, 159 pages.

1760. *Jesusen amore-nequeei dagozten cembait otoitzgai. Jesusen compañaco A. Sebastien Mendiburuc eguinac*. Pampelune, 2 vol. petit in-4° de 295 et 386 pag. Ces modèles de prières sont en dialecte guipuzcoan : le style en est très élégant.

1761. *Aita San Ignacioren egercicionec*, etc. Par le P. Aug. Cardaveraz. Pampelune, petit in-8° de 392 pages, dialecte du Guipuzkoa. Il s'y trouve beaucoup d'histoires de Saints hommes.

1763. *Cant. izpiritualac*, in-8°.

1765. *Aita San Ignacioren egercicionec*, etc. Par A. Cardaveraz. Pampelune, in-12, 120 pages.

1773. *Doctrine chrétienne*, en basque et en espagnol, par F. X. de Lariz. Madrid, in-8°.

1775. *Testamen çaharreco eta berrico historioa M. de Royaumontee eguin izan duenetic berriro escararat itçulia, exemplu eta errefflexione Sainduequin bi liburutan eçaria* (Histoire du Vieux et du Nouveau Testament, traduite de nouveau en basque; d'après M. de Royaumont, etc.), en deux tomes, t. 1er. Bayonne, in-12, 377 p. Le nom de l'auteur est B. Larreguy : il était curé de Bassusarri.

1777. Un vol. in-12, suite du précédent. Il achève l'histoire du Vieux Testament et donne celle du Nouveau Testament.

1784. *Guiristinoqui biciceco eta hilceco moldea* (Manière de vivre et de mourir en chrétien), par André Baratziart, prêtre. Bayonne, in-18, 272 pages.

XIXe SIÈCLE

1802. *Morceaux choisis des Catilinaires*, traduits en biscayen par le curé Moguel, à la prière de G. de Humboldt, in-12.

1803. *Cofesino ona*, par D. J. Ant. Moguel, curé de Marquina. Vittoria, in-8°. Cet ouvrage est en biscayen : il est l'abrégé d'un travail plus considérable du même auteur, contenant des instructions générales pour faire une bonne confession. C'est un vol. in-8° de 3 ou 400 pages, et qui est écrit dans le dialecte guipuzcoan que l'auteur possédait aussi fort bien. La date est un peu antérieure à 1803.

1804. *Escara Libria*. Livre de piété en basque, in-12, 196 pages. Dialecte Vasco-Souletin.

1805. *Abecedea Escuaraz iracurten ikhasi nahi dutenenzat*. (Abécédaire fait pour ceux qui veulent apprendre à lire en basque), Bayonne, in-12, 56 p. y compris des prières et instructions religieuses.

1809. *Meditacioneac gei prematsuenen gainean cembait abisuekin*, etc. Bayonne, in-12, 578 p.

1810. *Exercicio izpiritualac*, etc. Bayonne, in-18. 382 p., réimprimé en 1814 et 1823. Cet ouvrage, usité dans l'ancien diocèse de Bayonne, doit avoir encore d'autres éditions.

1815. *Cant. izpirit.*, etc. Bayonne, in-12, 80 p.

1816. *Urteco domeca gustifetaraco verbaldi icasbideinac.* Bilbao, 2 vol. in-8°, 275 et 163 pages ; par Pedro Astarloa, franciscain, et frère du célèbre auteur de l'*Apologie*.

1816. *Jaungoicoaren amar aguindubeetaco lelengo bosteen icasiquizunae, Aita praï Bartolome Santa Teresa, Marquinaco Carmen ortozeco predicadoriae ateraac.* Pampelune, in-8°, 278 pages.

1817. *Jaungoicoaren amar aguindubeetaco asqueneco bosteen icasiquizunac.* Par le même auteur, in-8°, 300 pages. Ces deux ouvrages contiennent des instructions sur les cinq premiers et les cinq derniers commandements de Dieu, et forment ensemble un traité complet sur le *Décalogue*.

1817. *Eucologiattipia edo eliçaco liburua, Bayonaco diocesacotz*, etc. (petit Eucologe ou livre d'église pour le diocèse). Bayonne, in-18, 593 p., ouvrage ancien et qui doit avoir été édité plusieurs fois auparavant.

1819. *Eleisaco zazpi sacramentuben icasiquizunac, III satya*, 3ᵉ vol. in-8°, 376. Cet ouvrage écrit en biscayen est une dissertation sur le *Catéchisme*, et sert à aider le prédicateur au prône. Nous devons la connaissance de cet ouvrage notable, ainsi que de plusieurs autres imprimés dans les dialectes transpyrénéens au R. P. José Elizalde, abbé du monastère des Prémontrés, à Urdach en Navarre.

1823. *Catichima edo fedea laburzki*. Bayonne, in-12, 132 pages.

1824. *Guipuzcoaco dantza*, etc. (Histoire des danses, fêtes et jeux du Guipuzcoa), etc. Saint-Sébastien, in-8°, 185 p. Il y a en outre un vol. in-fol. de musique gravée avec les paroles. Cet ouvrage est écrit en basque du Guipuzcoa, par don Juan Ignacio de Iztueta.

1825. *J.-C. Evangelio Saindua St. Mathiuren arabera* (Évangile selon Saint Mathieu), Bayonne, in-8°, 82 p. Traduction peu soignée bien qu'elle soit calquée sur le travail de Leiçarraga. Elle est dans le dialecte du Labourd.

1826. *Cant. izpir.*, in-18, 56 p.

1828. *Jesus Cristo gure Jaunaren Testament berria Lapurdico Escuarat itçulia* (Nouveau Testament de Notre-Seigneur Jésus-Christ, traduit en basque du labourd). Bayonne, in-8°, 584 p. et 3 p. d'errata. Cette traduction diffère, quant au premier Évangile, de la publication de 1825. Elle n'a ni avant-propos ni désignation d'auteur. Le basque n'est pas pur et le style offre plusieurs locutions patoises.

1829. *Egun ona edo egunarem santificatzeco moldea*, etc., par M. Haramboure, missionnaire. A Bayonne, in-18, 192 p.

1831. *Sermon sur la Montagne, en grec et en basque précédé du paradigme de la conjugaison basque*, par M. Fl. Lécluse. Toulouse in-8°, 24 p. Le texte est de Leiçarraga et le paradigme fort abrégé.

1832. *Escu librua*, etc., par le R. P. Augustin Cardaberaz, Tolosa, in-16, 240 p.

Livre de dévotions, etc. par le même auteur. Tolosa, sans date, in-16, 192 p., plus 28 p. de cantiques.

1832. *Doctr. Cristiana. Aita Gaspar Astete Jesuitac erdaraz eguina.* (Composée en erdara, par le P. G. Astete.) Tolosa, in-16, 72 p.

1834. *Azti-Beghia.* L'OEil du Devin, éléments de géologie et d'astronomie cosmogonique, par J. Augustin Chaho. Paris, chez Dondey-Dupré, in-8°, 14 p. Cet opuscule est écrit dans le pur dialecte de la Soule.

G. de Humboldt cite, mais sans mentionner la date : *Nomenclatura de las voces Guipuzcoanas sus correspondientes Viscaynas y Castillanas para que se puedan entender ambos dialectos.* Le curé Moguel de Marquina en est l'auteur. Il promettait un dictionnaire parfait des trois dialectes basques, mais nous ne pensons pas qu'il ait paru.

Ezqueraren berrionac eta ondo escribitzeco, ondo iracurtzeco eta ondo itzeguiteco erreglac, in-8° d'environ 60 pages. Cet ouvrage est assez intéressant. L'auteur, le P. Augustin Cardaveras, natif de Saint-Sébastien, et savant jésuite, établit, dans un beau discours en basque, les grâces de la langue, les règles pour écrire, et l'accompagne de renseignements curieux. Malheureusement nous ne pouvons que mentionner cet ouvrage d'après les souvenirs d'un Basque du Guipuzcoa. La même personne a vu une version basque de la vie dévote de saint François de Sales et du *Catéchisme historique* de Fleury.

Parmi les manuscrits basques qui nous sont connus, nous ne mentionnerons que ceux qui ont quelque importance et qu'on peut consulter aisément.

Le vocabulaire de Silvain Pouvreau est l'un des plus curieux monuments de la langue, soit par son ancienneté, soit par sa richesse en mots tirés des dialectes souletin et navarrais, et qui manquent au travail de Larramendi. C'est un manuscrit petit in-folio contenant, en 336 pages environ, dix mille mots basques avec l'explication en français et de nombreuses citations d'idiotismes basques. Les lettres A et B manquent, et la première page du Vocabulaire ne commence qu'au mot *çafarda.* Il existe encore quelques autres lacunes dans le corps de l'ouvrage, notamment entre les mots *If* et *Ki.* Les Proverbes d'Oihénart sont cités plusieurs fois avec renvois aux numéros du recueil. A la fin du Vocabulaire principal sont 12 pages grand in-folio commençant au mot *Arreba* et finissant par *Astorea ;* c'est probablement la deuxième copie de l'ouvrage : on a commencé à y placer les mots français espagnols et latins vis-à-vis des mots basques. Le vocabulaire est précédé de vingt-trois pages raturées et d'une liste de deux cent quatre-vingt-neuf mots expliqués par une autre personne, probablement Arnauld Oihénart. L'une de ces feuilles porte la date du 30 mai 1665. On voit encore au commencement du volume un fragment de grammaire basque. La terminative *Keria* y est bien rendue , mais on y méconnaît le mode indéfini. Le volume se termine par quarante cinq pages de prières à la sainte Vierge en dialecte du Labourd : quelques-unes d'entr'elles sont aussi écrites en français. Une feuille de parchemin annexée au volume contient un projet d'approbation du roi pour les ouvrages que Silvain Pouvreau se proposait de publier. Ces ouvrages annoncés comme terminés sont une traduction de *l'Imitation de Jésus-Christ,* une Grammaire basque et française avec quelques dialogues familiers pour le commerce des deux langues , enfin le Dictionnaire basque, français , espagnol et latin. Le précieux manuscrit de S. Pouvreau se trouve à la Bibliothèque royale sous le n° 7700, 3, 4. Il ne paraît pas qu'aucun de ces travaux ait été imprimé. Il était prêtre du diocèse de Bourges , et d'après quelques indices il nous paraît être natif des environs de Saint-Jean-de-Luz.

Feu l'abbé Darrigol , supérieur au grand séminaire de Bayonne , a reproduit dans son mémoire couronné par l'Institut une grande partie de sa dissertation critique. Ce travail, que nous avons copié en entier, est compris dans un manuscrit in-4° de 119 pages. Parmi les observations qui ne se trouvent pas dans l'ouvrage imprimé , nous citerons les remarques sur l'accentuation et sur l'élision qui s'exerce dans les discours familiers de la même manière que dans les vers latins scandés. Le système de l'orthographe est aussi amélioré et se rapproche du nôtre. Dans l'ouvrage imprimé on remarque l'oubli de l'impératif à deux régimes : la même lacune existe dans le manuscrit.

Plan de lenguas o Grammatica Bascongada en el dialecto Vizcaino, por D. Pablo Pedro de Astarloa y Aguirre, 2 vol. in-4°. L'auteur de cet ouvrage est connu par son apologie de la langue basque. Il était curé de Durango et paraît être mort à Madrid en 1814. On n'a pas imprimé cet ouvrage qui eût été précieux pour l'exposition du dialecte biscayen. Nous le citons d'après Guillaume de Humboldt. Tous les papiers d'Astarloa sont, à ce qu'on nous assure, entre les mains de son ami D. Erro, l'ingénieux auteur de l'*Alphabet primitif*.

En 1827, feu A. M. d'Abbadie, mon père, publia en espagnol et en français le prospectus d'un dictionnaire basque, espagnol et français. Toulouse, in-8°, 28 pages. Ce nouveau travail de M. Lécluse devait reproduire en 2 vol. in-8° de 1000 pages, tout le Dictionnaire de Larramendi. L'auteur avait ajouté à son travail, entièrement achevé à cette époque, un millier de termes propres au biscayen ou extraits d'Axular ; mais cet ouvrage du laborieux auteur du Manuel basque n'a pas encore été imprimé.

Dans ses *additions* au *Mithridates* dont nous avons parlé plus haut, le savant G. de Humboldt annonce aussi qu'il a disposé dans l'ordre alphabétique par rapport au basque tout l'ouvrage de Larramendi en l'enrichissant de beaucoup de mots puisés dans les ouvrages d'Oïhénart et de Pouvreau que M. Lécluse ne connaissait pas. Nous faisons ici le vœu que ces travaux de l'illustre Prussien ne soient pas perdus pour la science comme tant d'autres études sur la langue basque qui semblent être poursuivies par une triste fatalité...

L'auteur de ces Prolégomènes a tâché d'écrire de sang-

froid sur une langue pour laquelle il se sent une grande affection. Dans le cours de ses recherches il a souvent regretté
que des circonstances impérieuses aient hâté cette publication. Il eût voulu consacrer uniquement à ce travail tant de
loisirs remplis par des études plus matérielles et par les pré-
occupations d'un voyage lointain.

A. Th. D'ABBADIE, de Navarre.

Paris, juin 1836.

GRAMMAIRE EUSKARIENNE.

BIBLIOTHÈQUE NATIONALE — COLLECTION ANTOINE D'ABBADIE

Andi arichak,
Guezto seindoaz,
Betigo naiaz
Nardoa!

Les chênes superbes dépérissent à la longue,
becquetés sans cesse par l'oiseau grimpeur.

IMPROVISATEUR CANTABRE.

(Siècle d'Auguste).

ERRATA.

Page 21, ligne 22; au lieu de *Gastezaro*, lisez *Gaztezaro*.
Page 35, ligne 4ᵉ de la note; au lieu de *a, e*, lisez *t, e*.
Page 58, ligne 20, lisez *Zaitze*.
Page 95, ligne 30; au lieu de *Deitcottiriakoz*, lisez *Deixtairiakoz*.

PREMIÈRE PARTIE.

DE LA VOCALISATION.

I.

Les Basques pyrénéens donnent à leur langue le nom de *Eskuara* ; ils s'appellent entre eux *Eskuaradun* (*), et par euphonie, *Eskualdun* ; ils désignent par les mots *Eskual-dun-Herri*, ou *Eskual-Herri*, pays des Euskariens, toutes les provinces du territoire qu'ils occupent séculairement entre la péninsule hispanique et l'ancienne Gaule. La langue *Eskuara* compte six principaux dialectes, qui sont le haut-navarrais, le souletin, le bas-navarrais, le labourdin, le guipuzkoan et le bizkaïen ou cantabre. Chacun de ces dialectes se subdivise lui-même, suivant les tribus, avec une incroyable variété d'inflexions et de désinences grammaticales, qui attestent l'inspiration de la nature et la richesse de ses moyens expressifs dans l'improvisation du langage humain. Ainsi la langue des Basques, elle-même, s'appelle tour à tour *eskuara*, *eskara*, *heskara*, *vshakara*, *vskara*, suivant le dialecte.

La langue euskarienne date des premiers siècles de notre *Temps* historique ; elle naquit, durant le premier âge, dans le midi ; sa vocalisation vierge est divine, sa nomenclature est originale et sans mélange ; l'architecture merveilleusement régulière et simple de son système grammatical achève d'en faire le dialecte le plus philosophique, le plus complet du verbe humain. Conservée jusqu'au milieu de l'âge ancien, par les Aphothomites, les Anberrites, les Churites, les Muthurgores et autres peuplades de la Mauritanie primitive, cette langue fleurit en Espagne pendant trois mille ans, avec les Ibères-Euskariens (**), jusqu'à l'invasion des Celtes ou Tartares, dont les dialectes

(*) Qui a, qui possède, connaît, ou parle l'idiome *eskuara*.

(**) *Voyage en Navarre pendant l'insurrection des Basques*, 1830-1835.

grossiers et ténébreux enfantèrent dans nos contrées méridionales la confusion de *Babel*. Il est donc vrai de dire, en allégorie, que la langue *Eskuara*, bien antérieure à l'établissement des Barbares dans le Midi, tire son origine d'*Adam*; puisque ce mythe génésique représente l'humanité des premiers âges.

Je me propose d'examiner dans un livre spécial les rapports qui existent entre la langue euskarienne, le Sanscrit, ou *sam-skra-da* des brames indiens, et les dialectes primitifs de l'Amérique. Ce travail exigera des rapprochemens de vocabulaires et des tables philologiques, qui ne peuvent trouver de place dans cet aperçu grammatical, destiné à lui servir d'introduction; comme il sera lui-même le précurseur d'un livre plus vaste, où je déroulerai, conformément à la promesse que j'ai faite au public, l'*Explication comparée de tous les mythes connus dans la religion universelle* (*).

———

II.

La formation du langage a fait écrire bien des volumes; ce problème, qui se rattache intimement à la philosophie du théisme, est loin d'avoir été résolu. Pouvait-il l'être? La science philologique n'a eu jusqu'ici pour objet de comparaison que les dialectes hyperboréens, apportés dans le Midi par les Scythes et les Celtes conquérans. Cet idiome général du Nord, dénaturé bientôt dans ses élémens encore imparfaits, entravé sans retour dans son perfectionnement progressif, devint le langage de l'erreur : dépouillé de son expressivité naturelle, inspirée, et pour ainsi parler, organique, il ne lui resta plus qu'une signification arbitraire

———

(*) *Paroles d'un Voyant. Philosophie des Révélations.*

et conventionnelle ; circonstance qui suffisait seule pour frapper de cécité l'intelligence des Barbares.

Nos *Croyans,* à qui les miracles ne coûtent rien, ont fait tomber du ciel une langue toute faite ; en cela, les bonnes gens ont pris à la lettre quelques allégories ; ils ont été la dupe de quelques mythes. Admettons un instant que l'homme est doué d'une organisation assez parfaite pour acquérir de lui-même un idiome, suivant les développements de la société et le progrès de ses besoins : les gens les plus zélés pour la gloire du Créateur ne sauraient nier que cette opinion est pour le moins aussi religieuse que la première ; elle est aussi plus rationnelle, et tous les phénomènes linguistiques démontrent son incontestable vérité.

L'homme est un ; les sensations l'affectent partout de la même manière ; les opérations de l'intelligence et le surgissement de la pensée sont régis par les mêmes lois. Le langage, qui en est l'expression, serait le même partout, sans le climat qui gradue la sensation et modifie les touches de la parole. Dans le Nord, où un froid aigu resserre et contracte les organes, les mots sortent arrachés au gosier avec des articulations criardes, *gr-and*, *cr-apaud*. Au lieu de *grandus*, *crapaud*, deux mots dont le premier est étrusque, le deuxième teutonique ou gaulois, l'Euskarien dit *andi, apho :* l'on observe des différences analogues dans tout le système de la vocalisation des deux grands dialectes hémisphériques.

L'étude du langage humain doit être poussée jusqu'à sa généralisation absolue, si l'on veut obtenir des résultats vraiment philosophiques. Les savants finiront quelque jour par ne plus reconnaître avec l'histoire que les deux idiomes types du nord et du midi, qui, par une communauté de causes et d'effets, tirée de l'organisation de l'homme en rapport avec les climats, doivent toujours renaître les mêmes et différer fort peu dans la succession des *Temps* géodésiques.

La convention n'entre pour rien dans l'invention du langage. L'homme naturel et passif se fait un dialecte par instinct, par organisation, par besoin, à peu près comme il se reproduit. Les civilisations mixtes ont eu des esprits vraiment supérieurs, qui ont essayé de soumettre le langage au scalpel de l'analyse; malheureusement ils n'ont eu sous la main que des nains ou des monstres. L'*Eskuara* des Pyrénées est peut-être le seul dialecte européen que la lumière du premier âge nous ait légué tout entier. Il est primitif, pur, perfectionné, parfait; né dans le paradis terrestre du midi, chez les patriarches ou *Voyans*, qui, suivant la tradition poétique des mythes religieux, avaient appris le grand art de la parole dans un commerce intime avec les déités et les puissances de la nature. Qui oserait se flatter d'avoir compris à fond ce dialecte aborigène, et de pouvoir éclairer aux yeux du lecteur toutes les avenues de son merveilleux édifice, embelli de magiques lointains, qui tous vont se perdre dans l'infini? Car l'intelligence divine est sans bornes comme l'espace, et son illumination éclaire le Grand-Tout : chaque être a son retentissement, son verbe (*), comme l'homme, dont la parole est un accord musical dans le concert de l'éternité.

III.

Voyez l'homme au berceau, l'homme enfant; une sorte de bredouillement exprime le bien-être dont il jouit; vienne une tranchée de colique, sa physionomie mobile, comme

---

(*) Il faut faire attention que ce mot vient de l'étrusque *verbero*, je frappe, et que le mot *réverbération* a la même origine. Ainsi, la dénomination savante appliquée à la parole par les cosmogonies religieuses, exprime le son et la couleur, le retentissement et l'harmonie, la voix de toute incarnation.

l'eau, se trouble, et le tiraillement des traits, premier indice de la douleur, est suivi de cris et de larmes. L'homme crie et pleure en naissant, parce qu'il souffre. Voilà pourquoi la langue euskarienne, du radical *min* douleur, souffrance, a formé le mot *mintzo* voix, *mintza* parler, *mintzaïa* langage. Cette expression philosophique s'applique également au son des cloches, au murmure des ruisseaux, au bruit des fleuves, à la grande voix de l'Océan, à tout cri plaintif ou joyeux, à tout gémissement, à toute prière, qui s'élève du sein de la création.

De l'interjection *hé*, l'Euskarien a fait le mot *hel* accourir, appeler au secours, *elhe* parole, *elhesta* se répondre, converser, parler. C'est au bruit de la parole que l'armée sociale s'est groupée autour de ses drapeaux, et qu'elle a choisi ses plus beaux campements, pour vaincre la nature rebelle et vivre de son triomphe glorieux.

Les animaux ont aussi leur langage subordonné à leur organisation, approprié à leurs besoins. Il est invariablement borné dans chaque espèce, bien moins par l'imperfection des organes que par l'isolement des sensations que la pensée ne modifie point dans les brutes. Le perroquet, sur la perche où il fut élevé, imite la parole humaine; dans les forêts, le perroquet n'a que des cris. L'absence de l'agent intellectuel et réflecteur, empêche seule les animaux de varier leur langage. L'homme, en voyant son semblable, s'est dit, avec une conviction intime tirée du sentiment de sa propre existence : Celui-là voit et entend comme moi, il se souvient, il pense, il réfléchit comme moi. Cette idée, qui n'appartient qu'à l'homme, et que le singe n'a jamais conçue, précède nécessairement toute communication par le langage imitatif de la parole ou du geste.

Jean-Jacques Rousseau a bien dit que le cri de nature a dû être le premier mot de l'idiome naissant; mais quel est le caractère essentiel de ce cri? Il y a tant de cris de nature! Et si tous les éléments de l'idiome primitif, les mots radicaux et composés, les terminatives de la déclinaison, les inflexions conjugatives étaient des cris de nature ! Voilà de quoi le Génevois ne s'est point douté. C'est faute d'avoir compris les lois de l'improvisation du langage humain, qu'il a débité tant de pitoyables sophismes sur l'organisation de la société.

Sans chercher à réfuter ici ce sophiste éloquent, je me contenterai de formuler les propositions suivantes qui me paraissent inattaquables. Partout où se trouve un être vivant, un mouvement, dans une nature où tout respire et se meut, il y a voix ; partout où réside un siége organique de sentiment, il y a langage, *mintzaia* ; partout où la réflexivité du sentiment fait naître des idées complexes, il y a communion de pensées et de verbe, il y a lumière et parole, conversation, *elhestaze* ; comme il existe attraction, union, société, partout où il y a contact de sexes dans une création divine, où tout est amour (*).

Les grammairiens celtiques, et je confonds sous cette dénomination les grammairiens de toutes les littératures connues, ont divisé les mots en plusieurs espèces. Ils ont fait un tableau séparé de quelques interjections, tandis que le langage humain n'est qu'une interjection variée ; tandis que le mot, en soi, n'est que l'écho d'un sentiment réfléchi, la réverbération de l'idée intelligente. Le mot est un, sous le point de vue métaphysique ; il se modifie en lui-même et par lui-même ; cette fécondation mystérieuse s'exprime grammaticalement par les mots *décliner* et *conjuguer*, qui sont étrusques, *dec-lin-are*, *cum-jungere*, joindre-avec, marquer, déterminer la ligne et la direction des rapports. La langue euskarienne est peut-être de toutes les langues européennes la seule où le mot essentiel, le verbe et la forme grammaticale, aient conservé leur unité.

J'ai vu souvent un enfant poursuivi par quelque bête furieuse faire entendre du gosier un cri prolongé, *arr !*

(*) *Ama oro*, maternité universelle.

entrecoupé de *ama*, *ama!* mère. Le mot *arrama* désigne en euskarien cette espèce de hurlement entremêlé de larmes par lequel l'enfant implore le secours maternel. Les mots *marraka* et *marraska* ont une origine équivalente. Le mot *orroko* exprime un hurlement poussé dans une souffrance excessive ou dans une horrible frayeur. L'adoption de toutes ces expressions imitatives suppose une communication de la pensée; mais il est évident que les cris divers qu'elles imitent appartiennent à l'idiome, au langage, et sont réellement des mots primitifs. Il est évident encore que la disposition des organes de la voix détermine leur caractère sonore, et que ce jeu physique est le résultat immédiat de la sensation dont l'individu est affecté. Il y a donc rapport intime, nécessaire, entre les mots de l'idiome naissant et les sensations qui les font jaillir. Les Barbares disent que tel mot *signifie* telle chose, c'est-à-dire qu'il *fait-signe*, *signum-ficare;* mais comment le mot ou verbe peut-il faire signe, sinon par l'harmonie ou par l'imitation? En appliquant ce principe à l'étude philosophique du langage humain, il devient facile d'expliquer l'énigme de son improvisation. La classification des mots en espèces, est inconnue dans l'idiome euskarien; elle prouve l'incohérence et l'irrégularité des langues mixtes; car ces distinctions ne se fondent chez elles que sur l'imperfection du système grammatical. Il n'y a pas plus d'espèces de mots dans le langage de la nature, qu'il n'y a d'espèces d'idée dans l'homme qui est affecté, puis réfléchit et pense, pour parler. Il n'y a pour bien dire qu'une seule idée, intuitive dans l'intelligence pure et subordonnée dans l'homme qui est mixte : idée mère qui résume toutes les autres, et dont toutes les autres ne sont que des modifications : la première qui naisse en nous par le sentiment réfléchi du moi en rapport avec la nature, et qui, résumée par le IZ euskarien, remonte à l'existence première, à la trinité universelle qui est Dieu, le IAO.

La vocale *i* dont l'émission exige la plus grande contraction de l'organe vocal, et qui se trouve être la note la plus aiguë et la plus vibrante, le son le plus élevé de l'échelle parlée, se combine en euskarien avec la forme déclinative *z*, signifiant appartenance, pour exprimer l'idée de la vie et de l'existence, *iz* est, sois, soit.

Le radical *hitz* désignant en euskarien le mot, le verbe, la parole, n'est autre que le *iz* essentiel, renforcé par un *t* médiatif; il signifie harmoniquement, reproduction, double existence. Le mot ou *hitz* exprime une modification de l'être dans un état irrélatif et abstrait, et marquant le contact mystérieux des images sur le principe actif, dessine une idée indéterminée, vague et pour ainsi dire volatile, comme une première vue de l'intelligence, une lueur flottante dont les rayons se jouent sans direction. Le mot supposant toujours une sensation réfléchie est essentiellement appellatif; il s'applique à tout, à la chose comme à l'idée, au nombre, à un rapport isolé, c'est le nom, *iz-en;* c'est-à-dire, suivant la définition euskarienne, ce qui est applicable à toute existence idéale ou physique.

Dès que le nom entre en relation dans la pensée, il perd aussitôt sa forme généralisée, indéfinie, et reçoit les marques caractéristiques de toutes les nuances dont la relation est susceptible. Cet art naturel, cette modification absolue du verbe, *iz*, par le *hitz*, imitatif, harmonique, constitue l'improvisation du langage, l'idiome, la langue, le dialecte, *hitzkontza;* car la forme *ontza* exprime en euskarien la composition du poëte et l'improvisation du barde, en y attachant une idée de bonté, de sublimité, *on!*

La convenance et la propriété parfaite du mot ou *hitz*, du nom, *izen*, ne saurait empêcher la pensée de celui qui entend pour la première fois des expressions improvisées d'hésiter entre les objets auxquels elles peuvent s'appliquer. L'aborigène fera ressortir leur signification précise par un signe, un geste indicatif. Ainsi fut parlée dans le principe la langue des Basques, avec accompagnement de signes, comme l'indique son nom original de *Eskuara*, que les montagnards pyrénéens lui conservent encore.

La création d'un vocabulaire et d'une grammaire naturelle n'est point l'œuvre d'un seul homme, ni l'œuvre conventionnelle de quelques-uns, mais l'œuvre de tout une société; il faut compter par milliers les abeilles, les fleurs, les printemps, qui ont dû concourir à l'édification merveilleuse de cette ruche de civilisation. Le mot trouvé à plusieurs reprises et dans des lieux différents n'a reçu sa forme consacrée que par un long usage. La dispersion des colonies ibériennes, nécessitée par une multiplication rapide de population que favorisaient puissamment la fertilité du sol et la salubrité du climat, donna naissance aux divers dialectes qui composent la langue *Eskuara*.

La vocalisation articulée est particulière à l'homme avec la pensée dont elle est l'expression. Il n'en est pas de même du chant, qui est commun aux oiseaux et devient admirable dans quelques espèces. Le couplet du rossignol passe d'une touchante mélancolie à une gaîté brillante et folle; mais ce petit musicien, sublime et passionné, perd avec l'amour sa voix de printemps. Le nom de *botz* que la langue euskarienne applique à la voix, emporte avec lui l'idée du chant; il a formé le qualificatif *botz*, joyeux, et *botztario*, gaîté, bonne humeur de celui qui chante.

La voix humaine, en parcourant l'échelle des vocales non par intervalles isolés, mais par gradation insensible, hausse d'un ton musical depuis l'*a* jusqu'à l'*i*. La gamme parlante est destinée à reproduire des sensations réfléchies, par le caractère bien différencié de ses notes. Le chant, qui n'est qu'une exaltation du timbre vocal et ne varie que par l'intonation, est l'accent instinctif du sentiment et des passions. Ces deux langages sont familiers à l'homme de la nature; ils sont inséparables dans l'idiome primitif. La sensation vive et palpitante anime tous les éléments de la pensée, et si l'échelle des vocales paraît bornée au premier coup d'œil, le ton modulé sur lequel on les prononce et les inflexions du chant leur donnent une infinité de valeurs et d'expressions relatives dans toute l'étendue possible de la voix.

La vocale *ô* est le son médial de la voix humaine entre l'*a* et l'*i*, qui sont les deux extrêmes de son échelle parlée : la langue euskarienne reconnaît sept vocales principales ainsi classées dans leur ordre naturel d'émission *a*, *é*, *eu*, *o*, *ou*, *u*, *i* ; elle avait anciennement pour chacune d'elles un signe alphabétique. La prononciation admet une infinité de nuances intermédiaires qui sont comme les dièzes et les bémols de cette gamme gutturale : quelques-unes sont invariablement affectées à tel ou tel dialecte, et l'on dit suivant les provinces *dût*, *dèt*, *deût*, *doût*, *dot* : j'ai, je possède.

L'émission simple de la voix se modifie par diverses articulations ou consonnes, qui ont leur source dans l'échelle graduée des vocales. L'*u* pris comme point de départ, donne par gradation ascendante les labiales *û*, *v*, *b*, *p*, *ph*, *f* ; *uasko*, *vasko*, *basko*, etc. La même vocale fournit, en descendant vers le gosier, les gutturales *oû*, *g*, *k*, *kh* : *ouasko*, *gasko*, *kasko*. Le *kh* aspiré a formé dans quelques dialectes *Khaon* bon Dieu : ce mot, adouci par un autre dialecte, se prononce *Chaon* et par la gradation des sifflantes *ss*, *s*, *z*, descend au *j* des Souletins *Iaon*. Le *J* lui-même a son origine dans la réunion des vocales *i* et *a*, qui se combinent dans le *Iaon* des dialectes labourdin et cantabre. Nous ne parlerons point des *n*, *ḡ*, *tt*, *gs*, *gss*, *gz*, *ks*, *kss*, *kz*, *ds*, *dss*, *dz*, *ts*, *tss*, *tz*, et d'une infinité d'autres dont la langue euskarienne fait un usage si fréquent, puisque ce ne sont que des articulations doublées dont la prononciation suppose une nuance de vocale intermédiaire.

Les modifications articulatives tiennent à la prononciation accentuée : et donnant aux vocales, indépendamment de l'inflexion chantée, d'autres valeurs, d'autres nuances expressives, complètent les élémens d'harmonie et d'imitation qui sont à la portée de la parole humaine. Les vocales, dans l'idiome primitif, expriment un sentiment général, toujours réfléchi; l'inflexion chantée leur imprime un degré de sensation actuelle; les articulations déterminent leurs nuances significatives. Ces articulations, qui s'adaptent également à toute l'échelle des vocales, n'ont par elles-mêmes qu'une valeur relative, toujours subordonnée à la valeur générale des voix simples.

L'homme, dans son impressionabilité vierge, est doué d'une vive sensibilité nerveuse; son gosier est un instrument parfait; la sensation réflexive est l'artiste divin qui met en jeu ses touches savantes pour en tirer des sons imitatifs. Il est facile de rendre sensible par des exemples l'analogie harmonique, le rapport intime qui existe dans le verbe improvisé, entre les sensations et leur imitation vocale, soit qu'elles agissent par l'impression immédiate des objets, par réminiscence ou par le travail interne et mystérieux de la pensée.

Choisir l'idée la plus multiple, la plus complexe, l'idée absolue, universelle, qui est celle de Dieu, dans ses trois aspects de VIE, d'INCARNATION et de LUMIÈRE, et démontrer l'intimité de son inspiration native dans le retentissement de la parole humaine, serait incontestablement un argument sans réplique, une preuve décisive et palpable en faveur du système que je viens de formuler.

Le chant, à part le mouvement de la mesure et l'étendue de ses gammes progressives, s'élève ou s'abaisse dans sa mélodie simple, suivant qu'il est animé par un sentiment triste ou gai. Quant à la parole, nous avons observé précédemment que la voix, en parcourant par gradation indivisible l'échelle gutturale, hausse et baisse tour à tour d'un ton musical, entre les deux extrêmes de la gamme parlante a, i. Il suit de là que chaque note parlée, chaque vocale a un ton musical relatif qui lui est propre, et que le son le plus grave et le plus aigu de la parole *a* , *i*, et le ton le plus bas et le plus élevé du chant, participent des mêmes sensations. Contemplez l'homme qui se meurt : l'angle guttural reste ouvert, et laisse errer la vocale *a* sur le ton le plus bas et le plus creux, dernier accent de la voix humaine, que nous appelons râle. Tout au contraire, dans une plénitude de force et de santé, lorsqu'un sentiment énergique de plaisir soulève comme un levier toutes les puissances de la vie, le Brésilien fait entendre son cri d'allégresse *hii*, sur une note aiguë, qui est certainement la dernière limite du chant dans chaque individu. Or le cri de nature *hi* est le nom que la langue brésilienne donne à l'Être suprême ! Ainsi se trouve fixée la valeur absolue des vocales A, I. La vocale o, médium exact de la gamme parlée, est dans sa valeur moyenne une exclamation admirative. L'attention fortement excitée sur un objet fixe la machine physique dans l'immobilité, et c'est alors que l'homme béant et ravi fait entendre ce son harmonieux et plein. Je laisse à juger au lecteur s'il est inspiré, primitif, divin, le nom que les Basques pyrénéens donnent à l'Éternel; ce nom qui par la réunion savante des deux sons extrêmes et du son médial de la voix humaine, combine les idées de vie et d'incarnation universelle, et les confond dans un cri d'admiration : Iao!..

Je dois ajouter une remarque que je voudrais graver sur le marbre en lettres d'or, c'est que le cri de joie des Basques pyrénéens et des Euskariens antiques se compose des syllabes *Ia* , *ia* , *ò* , *ò* , *ó !*

La valeur générale des vocales ainsi découverte, l'*i* , exprimant individualité, existence, forme naturellement le datif de la déclinaison euskarienne.

Jaon , seigneur.
Jaoni , à seigneur.

La vocale *a* , rendue neutre par l'inflexion, obtient une

valeur déterminante indicative, et correspond à l'article français.

Jaona, le seigneur.
Jaonaï, et par euphonie *Jaonari*, au seigneur.

La vocale *e* vague et multiple, devient la marque du pluriel, dont le datif présente la même régularité de formation.

Jaonei,
Jaoneri, } aux seigneurs.
Jaoner,

L'*i* aspiré fournit le pronominatif *hi*, toi. L'*a* aspiré donne le pronom indicatif *haü*, celui-ci. L'*i* redoublé forme le datif *hiri*, à toi. L'*a* redoublé fournit avec interposition des liquides euphoniques *ara*, *ra*, là, vers, jusqu'à. Enfin l'*e* et l'*o* redoublés donnent *ere*, aussi, *oro*, tout; formations parfaitement analogiques avec la valeur essentielle de ces vocales : preuve que leur emploi comme terminatives de la déclinaison n'est ni arbitraire ni conventionnel, mais fondé sur l'inspiration naturelle.

Voilà déjà l'art de marquer les rapports par des terminaisons déclinatives, découvert sans sortir de l'échelle des voix simples, et la déclinaison établie dans ses trois modes, du pluriel, du singulier défini et de l'indéfini; ce dernier mode vague et abstrait, richesse inconnue à toutes les autres langues européennes, joue un rôle important dans l'idiome *Eskuara*.

Si l'on vient à rechercher la valeur propre à chaque articulation ou consonne, dans sa fusion avec les voix simples, les rapports deviennent tellement multipliés et fugitifs qu'il est assez difficile de les saisir, plus difficile de les exprimer et surtout de les rendre sensibles à des esprits auxquels l'habitude des langues mixtes aurait créé un sentiment tout conventionnel, et qui n'auraient point ainsi la mesure commune du rapport harmonique qui existe entre le langage primitif et les idéalités sensibles dont il est l'expression. Il ne saurait en être de même des Basques, en qui l'usage du dialecte naturel a conservé dans toute sa virginité originelle le sens intime, dont les perceptions instinctives, mais sûres, initient aujourd'hui ces montagnards illettrés à la métaphysique la plus profonde du langage, et entretiennent en eux la conviction sentie, inébranlable, de la propriété parfaite et de l'excellence divine de leur *Eskuara*.

Aussi désignent-ils toutes les autres langues européennes par le nom de *erd-ara*, qui signifie en définition, langage mixte, imparfait, jargon embrouillé, ténébreux. Le nom de *samskrada*, donné à la langue indo-scythique par les bramines du Gange, a la même signification ; car le mot indien *sam* est synonyme parfait du mot ibérique *erdi* ; et le Sanscrit oriental, loin d'être primitif, n'est lui-même qu'un dialecte mixte, comme je le prouverai plus tard par le dépouillement de ses racines et l'examen approfondi de son vocabulaire.

Les articulations sifflantes expriment richesse, abondance, valeur qui est parfaitement harmonique avec leur prononciation grasse et substantielle : *az*, nourrir ; *ass*, rassasier ; *asski*, assez ; *iz*, être ; *issi*, fixité, entêtement ; *itz*, parole. Ce dernier radical a formé le mot *itz-tarri* désignant le gosier, considéré comme producteur de la voix.

Les sifflantes *s, z*, sont donc naturellement employées comme terminaisons déclinatives, exprimant une idée de matière, d'élément ou de moyen.

Jaonz,   par euphonie *jaonez*, avec, ou par seigneur.
Jaonaz,   par le seigneur.
Jaoneez.   par les seigneurs.

La déclinaison abstraite des pronominatifs *ni*, moi ; *hi*, toi, fournit la conjugaison substantive.

Niz, je suis.
Hiz, tu es.

Les pronominatifs *zu*, vous (singulier) ; *gu*, nous, combinés avec le radical *i*, signifiant existence, et la terminaison *ra*, vers, jusqu'à, donnent les formes verbales suivantes :

Zira,	vous êtes.
Ghira, *Ghire,*	nous sommes.

C'est-à-dire en définition *vous qui vers être*, ou *jusqu'à être*, etc. L'on obtient avec l'*e* caractéristique du pluriel, suivant les dialectes :

Zire, *Zirete,* *Ziazte,* *Ziradie,* *Zirie*, etc.,	vous êtes.

Ainsi par le principe d'imitation appliqué à un petit nombre de vocales et d'articulations, nous avons découvert la création des mots radicaux et composés, et l'art naturel de marquer, par les terminatives de la déclinaison et les inflexions du verbe, toutes les relations qu'ils peuvent subir dans la pensée et le discours : ce qui est toute la langue. Ce serait une étude curieuse et féconde, d'appliquer les principes que nous avons posés au dépouillement des racines euskariennes et à l'harmonie expressive de leur vocalisation (*), pour tracer l'histoire étymologique de toute la nomenclature de cette langue, suivant l'ordre logique de l'inspiration et de la génération des idées. Ce travail jetterait une vive lumière sur une infinité d'anciens mythes et de symboles religieux, dont le sens rationnel est dès longtemps perdu dans la pensée humaine, et que la définition intelligente du verbe inspiré nous permettrait de transfigurer et de rendre à leur signification primitive. Le plan que nous

---

(*) La langue hébraïque est la seule qui ait été soumise jusqu'ici à des investigations de cette nature.

avons adopté nous interdit d'aussi vastes recherches. En faisant l'analyse et l'anatomie de quelques élémens essentiels de la vocalisation, nous n'avons eu d'autre but que de rendre compréhensible au lecteur l'artifice du système grammatical de la langue euskarienne. Avant de dérouler le merveilleux tableau de sa déclinaison unie au verbe, nous allons parcourir une série de formations par terminatives; attendu que ces finales, indépendantes des désinences de la déclinaison, se combinent avec elles non - seulement dans la contexture des mots, mais encore dans les inflexions variées du verbe.

IV.

TERMINATIVES EUSKARIENNES.

Terminative TSU.

Handitsu, grandiose.
Chouritsu, chargé de blanc.
Odoltsu, sanguin.
Legatsu, affectueux.
Hourtsu, aqueux.
Bizartsu, barbu.
Gozatsu, savoureux.
Elhetsu, verbeux.

Terminative TU.

Handitu, grand, agrandi.
Chouritu, blanchi.
Idortu, séché.
Hourtu, fondu.
Ghizontu, fait homme.
Haurtu, devenu enfant.
Zahartu, vieilli.
Gaztetu, rajeuni.

Terminative THURA.

Deithura, nom, appellation.
Minthura, moisissure.
Lothura, jointure.

Terminative THURA, adoucie.

Handidura, agrandissement.
Chouridura, blancheur, aussi blanchissement.
Gorridura, rougissement.
Kharatsdura, amertume.
Erradura, brûlure.
Bethadura, plénitude, etc.

Terminative KHURA.

Mintkhura, partie moisie.
Lotkhura, partie qui sert de jointure.

Et en adoucissant la terminative.

Handikura, partie agrandie.
Chourikura, blancheur partielle.
Gorrikura, rougeur partielle.
Hantkura, enflure partielle.
Errakura, brûlure partielle.

Terminative TA.

Handita, quantité de ce qui est grand.
Chourita, quantité de ce qui est blanc.
Gorrita, quantité de ce qui est rouge.
Ahurta, poignée.
Eskuta, poignée.
Sakolta, plein la poche.
Alzota, plein un tablier.
Muthurta, coup de museau.
Makillata, volée de coups de bâton, etc.

Terminative KA, ayant valeur médiative

Handika, avec ce qui est grand, par ce qui est grand.
Chourika, par blanc.

Gorrika,   par rouge.
Ahurka,   à main, avec les mains.
Eskuka,   *idem.*
Joka,   en frappant, par coups.
Makillaka, à coups de bâton.

Terminatives ARA, TA-ARA et KA-ARA.

Eguntara,   à la clarté du jour.
Ekhitara,   à la clarté du soleil.
Arghizaghitara, au clair de la lune.
Oskitara,   en souliers, en chaussure.
Eskutara,   avec les mains.
Okherkara,   tout de travers.
Esietara,   de biais.
Ghibelara,   à reculons.

Terminatives ARI, TARI et KARI.

Laborari,   paysan, cultivateur.
Dendari,   couturière.
Ihitzlari,   chasseur.
Khantari,   chanteur.
Aharrari,   querelleur.
Mintzari,   parleur.
Eskutari,   glaneur.
Makillalari, celui qui fait à coups de bâton.
Herrestari,   traîneur.
Elhestari,   parleur.
Handikari,   qui aime les grands.
Chourikari, qui aime le blanc.
Gorrikari,   qui aime le rouge.
Artekari,   médiateur.
Jokhari,   joueur.
Makillakari, qui aime à faire à coups de bâton.

Terminative GARRI.

Handigarri, qui est de nature à faire grandir.
Chourigarri, qui est de nature à faire blanchir.
Gorrigarri, qui est de nature à faire rougir.
Ahalkegarri, qui est à faire honte.
Dolugarri, qui est à regretter.
Errigarri, qui est à faire rire.

Terminatives AR et TAR.

Arañar,	Alavais.
Bizkaïar,	Biskaïen.
Guipuzkoar,	Guipuskoan.
Lapourtar,	Labourdin.
Nafartar,	Navarrais.
Ziberoutar,	Souletin.
Iberotar,	Ibérien.
Menditar,	Montagnard, aborigène.

Terminatives TAR-ZUN.

Handitarzun,	grandeur.
Chouritarzun,	blancheur.
Garbitarzun,	pureté.
Edertarzun,	beauté.
Hontarzun,	bonté.
Zahartarzun,	vieillesse.
Zuhurtarzun,	sagesse.

Terminatives ARO et ZARO.

Handizaro,	âge de grandeur.
Chipizaro,	âge de petitesse.
Haürzaro,	saison d'enfance.
Gastezaro,	jeune âge.
Ederzaro,	bel âge.
Zaharzaro,	vieil âge.
Zuhurzaro,	âge de sagesse, etc.

Terminative GOA.

Handigoa,	grandeur.
Chipigoa,	petitesse.
Edergoa,	beauté.
Mouthilgoa,	servitude, etc.

Terminative KERIA.

Handikeria,	affectation de grandeur.
Chipikeria,	trait de bassesse, de petitesse.
Ordikeria,	ivrognerie.

Alkerkeria, paresse.
Nabaskeria, insolence.
Oustekeria, persuasion, croyance.
Luzakeria, retard.
Erhokeria, folie.
Ertzokeria, gaîté folâtre.
Eilhokeria, gaîté légère, lutiné, etc.

Terminative TZE.

Sagartze, pommier.
Udaritze, poirier.
Madaritze, poirier.
Gherezitze, cerisier.
Arkantze, prunier.

La valeur du TZE change suivant les noms auxquels il s'adapte.

Handitze, grandir, agrandissement.
Chouritze, blanchir.
Gorritze, rougir.
Idortze, sécher, dessèchement.
Edertze, embellir, embellissement.
Hourtze, fondre, fonte.
Harritze, pétrifier, épouvanter.

Les radicaux actifs, terminés par une vocale, prennent la terminative TE.

Izate, être, existence.
Ukaite, avoir, possession.
Emaite, donner, don.
Joaite, aller, allée.
Erorte, tomber, chute.
Haste, commencer, commencement.

La même terminative, combinée avec les noms appellatifs et qualificatifs, exprime LE NOMBRE ou la QUANTITÉ.

Handite, quantité de ce qui est grand.
Chourite, quantité de ce qui est blanc.
Idorte, sécheresse.
Elhurte, neige.

Ihizte,   rosée.
Izozte,   gelée.
Harrite,   grêlée, etc., etc.

Terminative TELI.

Handiteli,   amas de choses grandes.
Ghizonteli, amas d'hommes.
Egurteli,   amas de bûches.
Elhurteli,   amas de neige.
Hourteli,   amas d'eau.
Harriteli,   amas de pierres.

Terminative KIN.

Gaïntikin, ce qui a débordé.
Soberakin, ce qui est de trop.
Buruzkin, entêté.
Moutzkin, coupure, excédant, revenu, etc.

Terminative KI, forme adverbiale de tous les qualificatifs.

Goraki,   hautement.
Handiski, grandement.
Chouriki, blanchement.
Itchouski, laidement.
Ichilki,   silencieusement.
Gordezki, en cachette, etc.

Terminative GHI.

Egurteghi,   bûcher.
Harriteghi,   lieu où il y a quantité de pierres.
Ohonteghi,   caverne de voleurs.
Chinaurriteghi,   fourmilière.
Hitzteghi,   vocabulaire.

Terminative LI-AR.

Bestaliar,   qui est de fête.
Eztetliar,   qui est de noce.
Khorteliar, qui est de cour.

(24)

Terminative TIAR.

Jaonkotiar,   ami de Dieu. Déiste.
Handitiar,   ami du grand.
Goiztiar,   matinal.
Berantiar,   tardif.

Terminative TI.

Ghezurti,   menteur.
Eghiati,   véridique.
Beldurti,   craintif.
Herotsti,   bruyant.

Terminative KI.

Oihalki,   lambeau de toile.
Ezurki,   fragment d'os.
Idiki,   viande de bœuf.
Achourki, idem, d'agneau.
Aharki,   *idem,* de mouton, etc.

Terminative GHIA.

Thorghia,   lieu de source.
Sarghia,   lieu d'entrée.
Jarghia,   siége.
Elghia,   lieu d'arrivée, etc.
Handighia, lieu où l'on agrandit

Terminative KAILLU.

Handikaillu, ce qui sert à agrandir.
Ederkaillu,   ce qui sert à embellir, etc.

Terminative GUNE.

Handigune,   côté grand.
Hongune,   côté bon.
Gaistogune,   côté mauvais.
Mardogune, côté mou.

Terminative KUNTE, exprimant impulsion vers.

Handikunte,   sentiment de grandeur, de fierté.
Nahikunte,   désir.
Beldurkunte,   crainte, appréhension.
Oustekunte,   persuasion.

Terminative GHEI, exprimant destination.

Handighei,   qui est devant grandir.
Chipighei,   qui deviendra petit.
Chourighei,   destiné à devenir blanc.
Emazteghei, maîtresse. (Femme future.)
Senarghei,   amant. (Mari futur.)

Terminative GHIN.

Zurghin,   charpentier.
Harghin,   maçon.
Itzaghin,   cloutier.
Zilhaghin,   orfévre.

Et suivant le dialecte :

Harrighile, maçon.
Itzeghile,   cloutier, etc., etc.

Terminative ZALE.

Handizale,   agrandisseur.
Salzale,   marchand, vendeur.
Salhazale,   celui qui dénonce, vend, trahit.
Bilzale,   pourvoyeur, collecteur.
Trufazale,   moqueur.

L'on dit également.

Salhater, dénonciateur.
Trufater, moqueur.

4

La syncope de la terminative ZALE donne, pour les mots
terminés par s, r, z, u, i, etc. :

Handiarazle, agrandisseur.
Igorle, celui qui envoie.
Egozle, ce ou celui qui fait cuire.
Erhaïle, assassin, qui tue.
Uzle, celui qui laisse.
Eglile, faiseur, créateur.

Terminative ZAÏN, signifiant nerf, guide, soin, conduite.

Mandazain, muletier.
Ahuntzain, chévrier.
Artzain, berger.
Zamalzain, conducteur de chevaux.
Khamelzain, conducteur de chameaux, etc.

Et par syncope :

Ourdaïn, porcher.
Ulhain, conducteur de vaches.

Terminative KO, exprimant adhérence, appartenance, avec
combinaison de la liquide r.

Handikor, sujet à grandir.
Khechakor, sujet à s'irriter.
Errakor, inflammable.
Sinhetskor, crédule.
Hautskor, fragile.
Ghillikor, chatouilleux.

Terminative KHOÏ, exprimant affection, tendance.

Egoskhoï, goulu à téter.
Hounkhoï, aimant ce qui est bon.
Ichilkhoï, taciturne.

Terminative KOÏ, sans gutturale.

Handioï, hautain, altier.
Burhoï, têtu.
Bizkarroï, indiscret, parasite.

Nigarroi, pleureur.
Lotioi,   qui aime à dormir.
Sagarroi, mange-pommes, hérisson.

Terminative ous.

Handious,   hautain, altier.
Mendekious, vindicatif, séculaire.

Terminative kot, exprimant le dédain et le mépris.

Handiskot, quelque peu grand.
Guizaïskot, méchant petit homme.

Terminatives aïl, ats, atch.

Chourraïl ou *Chourphaïl*, blanchâtre.
Gorhaïl,   rougeâtre.
Chourratch,   tirant sur le blanc.
Gorhaïtch,   tirant sur le rouge.
Hoïllaïs,   jaunâtre, tirant sur le jaune, etc.

Il existe, suivant les dialectes, d'autres terminatives, qui rentrent pour leur signification dans celles que nous venons de parcourir, et s'adaptent à tous les mots de la langue quand leur valeur n'implique point contradiction avec le sens de ces derniers. La régularité parfaite des formations obtenues sur les mots, soit radicaux, soit composés, à l'aide des terminatives, fait que le vocabulaire euskarien unit la plus merveilleuse richesse à une extrême simplicité. Le qualificatif *handi* subit à lui seul vingt-cinq formations, dont la langue française ne saurait traduire que quatre ou cinq par des adjectifs équivalents ; tandis que ces vingt-cinq expressions composées ont toutes le même radical. Je n'ai point fait entrer dans ce calcul la série innombrable des augmentatifs, diminutifs et approximatifs, que tous les mots euskariens peuvent revêtir, et qui deviennent en cet état déclinables par la même déclinaison une, invariable, universelle. Ces désinences forment une partie assez intéressante des richesses de la langue euskarienne pour mériter un tableau séparé.

V.

Nous choisissons de préférence le paradigme *handi*,
avec lequel nous avons familiarisé le lecteur.

HANDI, grand.

Handisko,	assez grand.
Handitto ou *Handiño*,	un peu grand.
Handiñi,	tant soit peu grand.
Handiago,	plus grand.
Handiagotto,	un peu plus grand.
Handiagoñi,	tant soit peu plus grand.
Handieghi,	trop grand.
Handittoeghi,	trop, un peu grand.
Handiñieghi,	trop, tant soit peu trop grand.
Handiche,	un peu trop grand.
Handichetto,	tant soit peu trop grand.
Handicheñi,	tant soit petit peu trop grand.
Handichago,	un peu plus grand.
Handichagotto,	tant soit peu plus grand.
Handichagoñi,	tant soit petit peu plus grand.
Handicheghi,	quelque peu trop grand.
Handicheghitto,	quelque petit peu trop grand.
Handicheghiñi,	quelque tant soit petit peu trop grand
Handiski,	grandement.
Handiskiago,	plus grandement.
Handiskichago,	un peu plus grandement.
Handiskichagotto,	tant soit peu plus grandement.
Handiskichagoñi,	tant soit petit peu plus grandement.
Handiskieghi,	trop grandement.
Handiskicheghi,	un peu trop grandement.
Handiskicheghitto,	tant soit peu trop grandement.
Handiskicheghiñi,	tant soit petit peu trop grandement.
Handien (a),	plus grand (le).
Handichen (a),	un peu plus grand (le).

Les terminatives *tto*, *ño*, *ñi*, deviennent des formes affectueuses suivant les noms auxquels elles s'adaptent ; *chipitto*, un peu petit, *chipiñi*, infiniment petit ; *maïteñi*, cher petit bien-aimé ; *choritto*, cher petit oiseau.

La même série de modifications s'adapte aux formations diverses obtenues précédemment sur le radical *handi*, avec les vingt-cinq terminatives *tze*, *tu*, etc. ; *handioustto*, un peu altier ; *handikaritto*, aimant un peu ce qui est grand ; *handikaritu*, devenu aimant ce qui est grand ; *handikaritucheghiñi*, devenu tant soit peu trop aimant ce qui est grand, etc.; *handikarituchena*, celui qui est devenu le plus tant soit peu aimant ce qui est grand, etc., etc.

Ce système de formations secondaires embrasse sans exception tous les mots de l'idiome, qui, étant par leur nature expressifs et harmoniques, ne forment qu'une seule espèce grammaticale. La grammaire primitive pose en principe que le mot exprimant toujours, par sensation réfléchie, une modification d'existence, déterminée par des rapports, est essentiellement appellatif.

Le mot est donc un, soit qu'il s'applique à des objets physiques ou à des êtres immatériels, abstraits, des jugemens, des idées ; et dans l'un ou l'autre cas, sa création révèle la fusion mystérieuse des deux principes constitutifs de toute incarnation ; système qui enlève du premier souffle les sophismes linguistiques du matérialiste Helvétius.

La langue euskarienne n'admet aucune différence, quant à l'origine et à la destination significative, entre le mot *izon* ou *guizon*, bon-être, appliqué à l'homme, et celui de *handi* appliqué à la grandeur abstraite. La création de tous les mots (*hitz*), de tous les noms (*izen*), dérive des mêmes causes naturelles et nécessaires : ils subissent une série commune de formations. L'aborigène dira également, *handia*, le grand, *guizona*, l'homme, *handitzea*, l'agrandir ou le devenir grand, *guizontze*, devenir homme ou rendre homme, *horratze*, *harratze*, *hounatze*, mettre par ici, par là, etc. Le mot euskarien est un protée qui reçoit toutes les significations, prend toutes les formes et varie ses rôles avec une facilité magique, pour se prêter à toutes les combinaisons que l'idéalité puisse admettre ou concevoir. Ainsi l'expression de cette langue primitive ne s'arrête qu'avec la pensée et la vérité; la richesse absolue qui résulte de ce système naturel permet aux Euskariens une combinaison incalculable d'idées que les Barbares peuvent à peine imaginer, et que leurs langues mixtes ne sauraient traduire.

Le lecteur concevra maintenant comment le mot *guizon* subit les mêmes modifications que le mot *handi.*

Guizon,	homme.
Guizontto,	bon petit homme.
Guizoñi,	cher petit homme.
Guizonago,	plus homme.
Guizoneghi,	trop homme.
Guizonche,	un peu trop homme.
Guizonchago,	un peu plus homme.
Guizonchagotto,	un petit peu plus homme.
Guizonchagoñi,	tant soit peu plus homme.
Guizoncheghi,	un peu trop homme.
Guizoncheghitto,	un petit peu trop homme.
Guizoncheghiñi,	tant soit peu trop homme.
Guizonki,	en homme, comme il convient à l'homme.
Guizonkiago,	plus en homme.
Guizonkichagotto,	un petit peu plus en homme.
Guizonkichagoñi,	tant soit peu plus en homme.
Guizonkieghi,	trop en homme.
Guizonkicheghi,	un peu trop en homme.
Guizonkicheghitto,	un petit peu trop en homme.
Guizonkicheghiñi,	tant soit peu trop en homme.
Guizonena,	le plus homme.
Guizonchena,	celui qui est un peu plus homme.
Guizontutto,	devenu un peu homme.
Guizonkaritto,	qui aime un peu les hommes.

Guizonkariago,	aimant plus les hommes.
Guizonkarieghi,	aimant trop les hommes.
Guizonkariche,	aimant un peu trop les hommes.
Guizonkaricheghi,	aimant quelque peu trop les hommes.
Guizonkarichago,	aimant un peu plus les hommes.
Guizonkarichagotto,	aimant un petit peu plus les hommes.
Guizonkarichagoñi,	aimant tant soit peu plus les hommes.
Guizonkaricheghiñi,	aimant tant soit peu trop les hommes.
Guizonkaritu,	devenu aimant les hommes.
Guizonkaritutto,	devenu aimant un peu les hommes.
Guizonkaritueghi,	devenu aimant trop les hommes.
Guizonkarituago,	devenu aimant plus les hommes.
Guizonkarituchago,	devenu aimant un peu plus les hommes.
Guizonkarituchagotto,	devenu aimant un petit peu plus les hommes.
Guizonkarituchagoñi,	devenu aimant tant soit petit peu plus les hommes.
Guizonkarituchegiñi,	devenu aimant tant soit petit peu trop les hommes.

Enfin il n'y a pas jusqu'aux noms modificatifs appelés *adverbes* dans les langues mixtes, qui ne subissent la même série de modifications secondaires : *hor*, là ; *horra*, jusque-là ; *horrat*, vers là.

Horratto,	un peu par là.
Horrattago,	plus par là.
Horratchago,	un peu plus par là.
Horratchagotto,	tant soit peu plus par là.
Horratchagoñi,	tant soit petit peu plus par là.
Horrateghi,	trop par là.
Horratche,	un peu trop par là.
Horratcheghi,	un petit peu trop par là.
Horratcheghitto,	tant soit peu trop par là.
Horratcheghiñi,	tant soit petit peu trop par là.

Toutes ces formations préliminaires sont encore en état de radical, ou de simple vocatif abstrait; elles expriment

une ou plusieurs modifications généralisées, sans désignation de rapports logiques, et sont déclinables unifor-
mément dans les trois modes de l'indéfini, du singulier et
du pluriel. Ce tableau de la déclinaison euskarienne formera
la seconde partie de nos Études.

DEUXIÈME PARTIE.

DE LA DÉCLINAISON.

I.

La langue euskarienne ne reconnaît qu'une seule espèce grammaticale de mots (*hitzak*), qui est celle des noms (*izenak*), régis par un système universellement régulier de déclinaison. Le choix des terminatives de cette déclinaison a été dicté par l'inspiration naturelle; voilà pourquoi son système est un, invariable, absolu (*). Nous allons en faire le tableau, sur le paradigme *handi*, tout en regrettant que la valeur équivoque des particules françaises ne permette point de reproduire avec exactitude et précision les nuances caractéristiques des divers cas euskariens.

INDÉFINI.

Handi,	grand, grande (quelque).
Handik,	grand, grande (quelque).
Handiz,	de, ou par, grand, grande (quelque).
Handitan,	en, dans (quelque grand, de).
Handiri,	à (quelque grand, de).

(*) En effet, si le mot significatif est variable à l'infini, le rapport et la relation sont absolus dans la pensée; leur expression grammaticale devrait être une en soi, et universelle dans son application. Les vocales *a*, *e*, *o*, *œ*, *u* expriment tour à tour le cas ou la relation du datif en latin, suivant la déclinaison. Cette multiplicité commune au Grec, au Sanscrit, etc., dénote l'incohérence et le babélisme: elle provient de ce que les dialectes scythiques, improvisés isolément, à diverses époques et dans différents climats, avaient fini par se croiser, se mêler et se confondre, à mesure que les campements des peuples hyperboréens et les migrations de leurs tribus guerrières envahissaient le midi: de telle sorte que chaque déviation grammaticale, chaque irrégularité, dans les dialectes du nord, représente un effort impuissant, une ébauche stérile, un avortement de système; et c'est le bizarre amalgame de ces éléments hétérogènes qui constitue la grammaire universelle, que Gébelin a reproduite dans son *Monde primitif*, le monde septentrional. Ce savant classe le verbe *Eskuara* parmi les dialectes du Nord, sans autre autorité que cinq ou six mots, pris dans son imagination; car ils n'existent point dans notre vocabulaire. *Ahriman* est enfant des ténèbres; il a méconnu, depuis son âge, le soleil d'*Ormusd* et la lumière du Midi.

Handiren,	de (quelque grand, de).
Handirentzat,	pour (quelque grand, de).
Handirentako,	en faveur de (quelque grand, de).
Handirengatik,	malgré, pour (quelque grand, de).
Handirenganik,	du côté, de la part de (quelque grand, de).
Handirengana,	jusqu'à, vers (quelque grand, de).
Handireki,	avec (quelque grand, de).
Handitako,	pour, au lieu de (quelque grand, de).
Handitarik,	de (quelque grand, de).
Handitara,	à, vers (quelque grand, de).
Handitaradino ou *artino*,	jusqu'à (quelque grand, de).
Handirik,	de (quelque grand, de).
Handitzat,	pour, au lieu de, comme(quelque grand,de)
Handiko,	de (ce qui est grand, de).

Les désinences déclinatives varient dans chaque dialecte ;
elles expriment avec précision les nuances les plus fugitives
de la pensée : *ganat*, vers, jusqu'à, désigne le mouvement
et la tendance ; *gana* détermine la proximité. Les désinences *tara* et *tarat*, *ki* et *kin*, présentent les mêmes différences de signification.

La déclinaison du singulier défini s'obtient par l'interposition de la déterminante *a*, entre le radical abstrait ou
vocatif et les désinences déclinatives ; sans autre exception
que quelques règles euphoniques dont nous entretiendrons
le lecteur. Il faut remarquer que ce système absolu de déclinaison exprimant toutes les relations, tous les rapports que
les mots *(hitz)* peuvent subir dans la contexture logique des
idées et de la pensée, la phrase euskarienne, ferme, hardie
et lucide, se développe sans l'auxiliaire embarrassant des
articles et des prépositions dont le cortége enchevêtre d'une
manière si pitoyable tous les autres dialectes du langage
humain, le péruvien excepté.

SINGULIER DÉFINI.

Handia (*),	le grand, la grande.
Handiak,	le grand, la grande (sujet actif).

(*) Les grammairiens répètent, depuis cinquante ans, que tous les

Handiaz,	du, de la, par, etc.
Handian,	dans le, la.
Handiari,	du, à la.
Handiaren,	du, de la.
Handiarentzat,	pour le, la.
Handiarentako,	en faveur du, de la.
Handiarengatik,	à cause du, de la ; malgré le, la.
Handiarenganik,	du, de la.
Handiarengana ou *ganat*,	vers le, la ; jusqu'au, jusqu'à la.
Handiareki ou *kin*,	avec le, la.
Handitik,	du, de la.
Handikoa,	celui du, de la.
Handira,	
Handirat,	
Handiala,	jusques au, jusqu'à là ; vers le, la.
Handialat,	
Handiradino ou *artino*,	

Il suffit de substituer à la vocale indicative et déterminante *a*, l'*e* vague et multiple, pour obtenir le pluriel de la déclinaison euskarienne.

PLURIEL.

Handiak,	les grands ou ceux qui sont grands (forme passive).
Handiek,	les grands (sujet actif).
Handiez,	des, par les.
Handietan,	dans les.

mots basques se terminent en *a* ; mais il n'en est rien ; cette terminaison est infiniment rare dans les vocatifs abstraits, et porte avec elle, relativement à notre système déclinatif, au singulier, le même inconvénient qui nécessita des règles euphoniques pour la déclinaison plurielle des noms terminés en *e*. (*Voir* plus loin, pag. 39.) L'*a* du singulier caractérise le mode défini ; c'est un des cas de notre déclinaison : il se traduit par les articles français *le*, *la*, attendu que la langue euskarienne ne reconnaît point la distinction arbitraire des genres. Que cet *a* revienne toujours dans le singulier du mode défini, rien de plus simple, puisque la grammaire basque n'a qu'une déclinaison pour tous les mots de son vocabulaire, et qu'un seul cas expressif pour chaque relation ou rapport. Cette simplicité féconde prouve elle-même la perfection philosophique de l'*Eskuara*.

Handiei, *eri*, *er*,	aux.
Handien,	des, pour les.
Handientzat ou *tako*,	en faveur des, pour les.
Handiengatik,	à cause des, malgré les.
Handienganik,	du côté, de la part des.
Handienganat ou *gana*,	vers les, jusques aux.
Handieki ou *kin*,	avec les.
Handientako,	pour les (en parlant des choses)
Handietarik,	des, du côté des.
Handietara ou *tarat*,	vers les, jusques aux.
Handietaradino ou *artino*,	jusques aux, etc.

RÈGLES EUPHONIQUES. Les noms terminés par une vocale prennent un *r* euphonique devant la désinence déclinative, au datif.

Chori,	oiseau.
Choriri,	à oiseau (quelque).
Choriari,	à l'oiseau.

Etche,	maison.
Etcheri,	à maison (quelque).
Etcheari,	à la maison.

Cette interposition n'a point lieu dans les mots terminés par une consonne.

Ghizon,	homme.
Ghizoni,	à homme (quelque).

Mais elle est de rigueur pour le singulier défini qui se décline toujours sur la déterminante *a*.

Ghizonari,	à l'homme.

La liquide euphonique *r* est usitée dans quelques dialectes après la vocale *e* caractéristique du pluriel.

Chorieri,	aux oiseaux.
Etcheri,	aux maisons.
Handiert,	aux grands.
Ghizoneri,	aux hommes.

Les Basques souletins disent par abréviation : *chorier, etcher, handier, ghizoner;* tandis que les Labourdins et les Cantabres se servent du datif primordial , sans éviter l'hiatus : *chorieï , etcheï , handieï , ghizoneï.*

Les noms terminés par une consonne prennent un *e* euphonique devant les déclinatives qui commencent par une consonne ; ainsi, tandis que l'on dit au mode indéfini :

Chorik ,	quelque oiseau.
Etchëk ,	quelque maison.
Handik ,	quelque grand.
Choritan ,	dans quelque oiseau.
Etchetan ,	dans quelque maison.
Handitan ,	dans quelque grand.

il faut dire :

Ghizonëk ,	quelque homme, et non *ghizonk.*
Ghizonetan ,	dans quelque homme, et non *ghizontan ,* etc.

Dans ces cas-là, l'on a soin de redoubler l'*e* caractéristique du pluriel, ou de rendre la syllabe longue.

Ghizoneek ou *ghizonek ,*	les hommes
Ghizoneetan ou *ghizonetan ,*	dans les hommes.

La même règle s'applique aux noms qui finissent en *e.*

Etche ,	maison.
Etchetan ,	dans maison (quelque).
Etcheetan ou *etchetan ,*	dans les maisons.

Les noms terminés par la vocale *a ,* comme *ama ,* mère, *aïta ,* père, font cet *a* bref, dans le mode indéfini ; il devient long ou se redouble, au singulier défini, parce qu'il est le signe caractéristique de ce mode ; au pluriel l'*a* du radical disparaît et fait place à un *e* double ou long.

Amaz ,	par mère (quelque).
Amaaz ou *amaz ,*	par la mère.

> *Améi* ,
> *Ameri* , } aux mères.
> *Amer* ,

Les noms terminés par une vocale prennent un *t* au cas positif indéfini.

> *Choritan* , dans quelque oiseau.
> *Handitan* , dans quelque grand, de.
> *Amatan* , dans quelque mère.

Le singulier défini retranche cette dentale en redoublant l'*a*, ou en le faisant long.

> *Choriaan* , *chorian* , dans l'oiseau.
> *Handiaan* , *handian* , dans le grand.

Quelques dialectes disent souvent pour éviter l'hiatus : *chorin*, *handin* : cette terminative syncopée se distingue toujours facilement du mode indéfini : *choritan*, *handitan*.

La déclinaison euskarienne, à part ces variations euphoniques qui lui donnent plus de prix , est invariable comme elle est universelle, et ne présente pas une seule exception (*)!

(*) Par suite de l'absence des genres et de l'unité de la déclinaison , la syntaxe euskarienne ne prescrit que l'accord des nombres. Lorsque deux ou plusieurs mots sont en relation dans la phrase , le cas distinctif de leur modification commune se rejette toujours à la fin et ne s'énonce qu'une fois : *ghizon ederra* , le bel homme. Ce système rationnel est encore exigé par l'unité du mot euskarien , qui , variant ses rôles de manière à représenter tour à tour les classes et les espèces diverses , grammaticalement reconnues par les langues mixtes , ne peut subir de déclinaison sans cesser d'être relatif et subordonné dans la phrase , et sans acquérir une valeur régissante : *ghizona ederra* , l'homme , le beau. Or, dans cet exemple , le fil de la relation se brise, le beau devient un substantif véritable. Par la même raison , le mot décliné n'est dépouillé de sa valeur individuelle que par une supposition de l'esprit dans la construction latine et grecque , où l'on observe l'accord rigoureux du genre , du nombre et des cas. Le barbarisme devient

II.

Les noms propres dont la valeur déterminante est par sa nature exclusive, rejettent l'*a* du singulier défini, et se déclinent au mode vocatif, indéfini; abstraction faite de tout nombre.

Maria,	Marie.
Mariak,	Marie (sujet actif).
Mariaz,	par Marie.
Mariatan,	dans Marie.
Mariari,	à Marie.
Mariaren,	de Marie.

---

plus manifeste lorsque l'accord subordonne les genres les uns aux autres, sous le prétexte ridicule que le masculin est plus noble que le féminin, le féminin plus noble que le neutre. Enfin, la langue latine est réduite à donner le cas neutre à ses adjectifs, et à les faire concorder avec *negotium* ou *negotia* sous-entendus, pour leur imprimer la valeur substantive que tout radical possède en réalité. Ce vice grammatical est la négation du spiritualisme; l'Étrusque ne concevait le beau que dans les choses, l'*ederra*, le *tò kalòn* idéal échappait à l'intelligence du Barbare. Au point de vue philosophique, la langue de Virgile est un patois, la langue de Racine un jargon. Je ne suis point le premier à le dire; Pluche l'affirmait avant moi, dans sa *Mécanique des langues*. Il n'existe qu'un seul dialecte européen dont le système soit parfaitement vrai, logique et régulier; c'est notre *Eskuara*. Le tableau suivant résume toutes les règles de sa syntaxe naturelle.

Eder,	beau.
Ghizon,	homme.
Ederra,	le beau, ce qui est beau.
Ghizona,	l'homme.
Ederghizon,	ce qui est beau, ce qui est homme.
Ghizon eder,	bel homme.
Ghizon ederra,	le bel homme.
Ederra ghizon,	le beau (est) homme.
Ghizona eder,	l'homme (est) beau.
Eder ghizona,	beau (est) l'homme.
Ederra ghizona,	le beau, l'homme.

6

> *Mariarentzat*, pour Marie.
> *Mariarentako*, en faveur de Marie.
> *Mariareki*, avec Marie.
> *Mariatarik*, de Marie.
> *Mariaganik*, de Marie.
> *Mariagana*, jusqu'à Marie, etc.

Les pronominatifs *ni*, *hi*, *gu*, *zu*; moi, toi, nous, vous, etc., rejettent l'*a* déterminant et se déclinent au mode indéfini, suivant la règle commune.

> *Ni*, je, ou moi.
> *Nik*, je, ou moi.
> *Nitaz*, de moi, par moi.
> *Nitan*, en moi, dans moi.
> *Niri*, *neri*, *eni*, à moi.
> *Niren*, *nere*, *ène*, pour moi.
> *Nireki*, *nereki*, *eneki*, avec moi, etc.
>
> *Zu*, vous (singulier).
> *Zuk*, vous (sujet actif).
> *Zutaz*, par vous.
> *Zutan*, en vous, dans vous.
> *Zuri*, à vous.
> *Zuren*, *zure*, pour vous.
> *Zureki*, avec vous.

De même pour *hi*, toi; *gu*, nous.

> *Zuek*, *ziek*, vous (pluriel).
> *Zuetaz*, *zietzaz*, *zietaz*, de, par vous.
> *Zuetan*, *zietan*, en vous, dans vous.
> *Zuei*, *ziei*, *zier*, à vous.
> *Zuen*, *zien*, pour vous.
> *Zueki*, *zieki*, avec vous, etc.

Je saisis cette occasion d'apprendre au lecteur, que les vocales changent avec les dialectes, et que leur usage est presque arbitraire dans la langue euskarienne.

La déclinaison des pronominatifs de la troisième personne n'est pas moins régulière.

Haü,	celui-ci.
Haünek ou *hanek*,	celui-ci (sujet actif).
Hounetaz, *hounez*,	par celui-ci.
Hounetan, *hountan*,	dans celui-là.
Houni,	à celui-ci.
Hounen,	
Hounentzat,	pour celui-ci
Hounentako,	
Houneki,	avec celui-ci.
Houra,	celui-là.
Huraëk ou *harek*,	celui-là (sujet actif).
Haretaz, *hartaz*, *harez*,	par celui-là.
Haretan, *hartan*,	dans celui-là.
Hari,	à celui-là.
Haren,	
Harentzat,	pour celui-là.
Harentako,	
Hareki,	avec celui-là.

Ainsi de tous les autres, tels que *zoïn*, lequel; *nor*, qui, etc., sans exception. Les noms de nombre se soumettent à la même règle; mais ils sont déclinables dans les trois modes, comme les noms adjectifs et substantifs.

INDÉFINI.

Bat,	un.
Batek,	un (sujet actif).
Batez,	par un.
Batetan,	dans un.
Bati,	à un.
Baten,	d'un.
Batentzat,	pour un.
Batentako,	pour un.
Bategatik,	malgré un.
Batenganik,	d'un.
Batengana,	vers un.
Bateki,	avec un.
Batetarik,	d'un (*ex*).
Batetara,	à, vers un, etc.

SINGULIER DÉFINI.

Bata,	l'un (d'entre eux).
Batak,	l'un (sujet actif).
Bataz,	par l'un.
Batian,	dans l'un.
Batari,	à l'un.
Bataren,	de l'un.
Batarentzat,	pour l'un.
Batarentako,	en faveur de l'un.
Batarengatik,	malgré l'un.
Batarenganik,	de l'un.
Batarengana,	vers l'un.
Batareki,	avec l'un.
Batetik,	de l'un.
Batiala,	jusqu'à l'on , vers l'un

PLURIEL.

Batak,	les uns (forme passive)
Batek,	les uns (sujet actif).
Batcetan,	dans les uns.
Batei, bateri, bater,	aux uns.
Baten,	des uns , pour les uns.
Batentzat ou *tako,*	pour les uns.
Batengatik,	à cause des uns, nonobstant les uns
Batenganik,	de la part des uns.
Batengana ou *ganat,*	jusqu'aux uns, vers les uns.
Bateki ou *kin,*	avec les uns.
Batentako,	des uns , pour les uns.
Batetarik,	des uns, du côté des uns.
Batetara ou *tarat,*	vers les uns.
Batetaradino, aino, artino,	jusqu'aux uns, etc.

Ainsi de tous les noms de nombre, imaginables!

Enfin les noms prépositifs, les modifications secondaires, les formes adverbiales, les interjections, subissent la même déclinaison invariable, universelle, dans ses trois modes.

Bai,	oui.
Baiez,	en oui, par oui, que oui.

Baietan,	en oui, dans oui.
Baieki,	avec oui, etc., etc., etc.
Baia,	le oui.
Baiaz,	par le oui.
Baian,	dans le oui.
Baiareki,	avec le oui, etc., etc., etc.

Il y a prodigieusement loin de l'universalité et de la perfection absolue d'un pareil système, à la pauvreté, à la confusion barbare des dialectes hyperboréens, même les plus célèbres, tels que le latin, le grec, le sanscrit! La déclinaison euskarienne n'est pas seulement une, invariable, universelle : elle se distingue par une sorte d'incommensurabilité : soit encore, pour paradigme, le qualificatif *handi*.

INDÉFINI.

Handirena,	celui de quelque grand, etc.
Handirenarena,	celui de celui de quelque grand, etc.

SINGULIER DÉFINI.

Handiarena,	celui du grand, etc.
Handiarenarena,	celui de celui du grand, etc.

PLURIEL.

Handiarenak,	ceux du grand, etc.
Handicenarenarenak,	ceux de celui des grands, etc.

L'on peut ainsi grouper les génitifs jusqu'à cinq et dix degrés de relation, et même au-delà, par la pensée, jusqu'à l'infini. Le croisement des nombres et des modes fournit une multitude incroyable de combinaisons dont nous ferons grâce au lecteur : cette manière d'enchaîner les rapports et les relations résume toute la syntaxe euskarienne. La même règle qui nous fait dire : *handiarena*, celui du grand,

nous prescrit de dire : *Eskualdunaren omena* , la renom-
mée du Basque.

Les cas de la déclinaison peuvent se superposer et se
grouper, en même temps que les modes et les nombres ; la
contexture du mot décliné présente alors des relations
doubles, triples, etc.

INDÉFINI.

Handirenareki,   avec celui de quelque grand.
Handirenarenareki , avec celui de celui de quelque grand.

SINGULIER DÉFINI.

Handiarenareki,   avec celui du grand.
Handiarenarenareki , avec celui de celui du grand.

Les terminatives essentielles , auxquelles nous avons
consacré un tableau distinct, ajoutent, par leur agencement,
à la richesse de cette déclinaison multiple ; soit pour
exemple la terminative *ko* , exprimant appartenance,
origine.

> *Parise-ko-een-aren-areki* ou *aaz*, avec ou par celui de ceux qui
> sont de Paris.

Il suffit de substituer à ces rapports abstraits et vagues
les nominatifs qu'ils servent à remplacer, pour comprendre
la régularité lucide de leur enchaînement.

> *Pariseko aztien elhearen indarraz*, par la magie de la parole des
> devins de Paris.

Les augmentatifs , diminutifs et approximatifs , viennent
enfin s'unir à chaque relation du mot décliné , pour leur
imprimer une modification individuelle et secondaire.

> *Ghizon-karitu-cheghi-ñitho-aren-aren-arekilakoñiaren-
> areki* , avec celui de l'infiniment petit , qui est avec le ou celui
> de la très chère petite, qui est devenue aimant tant soit
> peu trop les hommes.

Ce mot de vingt-quatre syllabes paraîtrait moins bizarre au lecteur, si la traduction des particules et des diminutifs français n'avait singulièrement obscurci la clarté progressive de sa signification.

L'inspiration naturelle présida jadis à la création de la langue *Eskuara*, depuis ses élémens radicaux jusqu'à la structure simple et savante de son édifice grammatical. La fusion des vocales et de leurs articulations nous a expliqué la valeur expressive de tous les mots, suivant un principe d'imitation harmonique. Les terminatives affectées à chaque radical donnent pour chacun d'eux, terme moyen, six cents formations secondaires, également susceptibles de la déclinaison générale, riche elle-même dans ses trois modes de cinquante inflexions: ce qui fait déjà pour chaque mot radical trente mille modifications déclinatives. La déclinaison relative jusqu'à cinq et dix degrés, dont nous avons expliqué le mécanisme, doublant ce chiffre à chaque combinaison nouvelle, l'élève, par une progression rapide, à plusieurs milliards ; et, grammaticalement, par la pensée, jusqu'à l'infini. Une centaine de désinences, appréciées dans leurs élémens matériels, et leur sens intime, suffisent par leur combinaison régulière au développement de cette déclinaison, dont la simplicité parfaite, l'étendue incommensurable, épuisent l'admiration et ravissent la pensée.

TROISIÈME PARTIE.

DU VERBE.

X.

CONJUGAISON SUBSTANTIVE DE *NIZ*.

Le mot ou *hitz*, créateur, le verbe fécond *IZ*, modifié par la déclinaison et combiné avec les divers pronominatifs, forme à lui seul tout] l'appareil de la conjugaison euskarienne.

Présent.	*Niz*,	je suis.
Passé.	*Nintzan*,	j'étais.
Futur.	*Nizate*,	je serai.
Conditionnel.	*Nintzate*,	je serais.
Imparfait.	*Neinte*,	je serais (auxiliaire).
Conditionnel passé.	*Nintzatekin*,	j'aurais été.
Impératif.	*Iz*,	sois, soit.
Optatif.	*Nadin*,	que je sois.
Imparfait.	*Nendin*,	que je fusse.

La déterminante *a*, postposée, donne la conjugaison interrogative.

Niza,	suis-je ? etc.
Nintzana,	étais-je ? etc.
Nizatia,	serai-je ? etc.
Nintzatia,	serais-je ? etc.

Le redoublement de l'*a* fournit la conjugaison affirmative.

Nizala,	que je suis, etc.
Nintzala,	que j'étais, etc.
Nizatiala,	que je serai, etc.
Nintzatiala,	que je serais, etc.

La déclinaison abstraite de *nizala* donne.

Nizalarik,	tandis que je suis, etc.
Nintzalarik,	tandis que j'étais, etc.
Nizatialarik,	tandis que je serai, etc.
Nintzatialarik,	tandis que je serais, etc.

La terminative *ko* , exprimant adhérence , et l'articulation médiative *z* forment sur la conjugaison précédente.

Nizalakoz,	parce que je suis , etc.
Nintzalakoz ,	parce que j'étais , etc.
Nizatiolakoz ,	parce que je serai.
Nintzatialakoz ,	parce que je serais.

C'est ainsi que la conjugaison euskarienne rattache aux désinences du verbe les formes prépositives et conjonctives, qui n'avaient pu trouver de place dans le tableau de sa déclinaison , et qu'elle complète l'expression des rapports que les idées peuvent subir dans la contexture logique de la pensée. Les langues mixtes n'ont rien à comparer à tant de richesse et de régularité. Mais ce qui achève d'élever le verbe euskarien à une hauteur divine, et fait de sa création matérielle un chef-d'œuvre philosophique, c'est l'art par lequel il marque les relations directes et indirectes des diverses personnes entre elles ; relations de nombre , d'âge , de sexe , dans toutes les combinaisons mathématiquement possibles; avec un laconisme parfait, une variété surprenante, une clarté , une précision admirables.

NIZ , je suis.

PRÉSENT.

Niz ,	je suis, forme générale et vague.
Nuzu ,	je suis (vous singulier).
Nun ,	je suis (toi féminin).
Nuk ,	je suis (toi masculin).
Nizala ,	que je suis.
Nizalarik ,	tandis que je suis.
Nizalakoz ,	parce que je suis.
Nitzaizu ,	je suis à vous (vous singulier).
Nitzaizula ,	que je suis à vous.
Nitzaizularik ,	tandis que je suis à vous.
Nitzaizulakoz ,	parce que je suis à vous.

Nitzaiñ,   je suis à toi (toi féminin).
Nitzaiñala,   que je suis à toi.
Nitzaiñalarik,   tandis que je suis à toi.
Nitzaiñalakoz,   parce que je suis à toi.

Nitzaik,   je suis à toi (toi masculin).
Nitzaiala,   que je suis à toi.
Nitzaialarik,   tandis que je suis à toi.
Nitzaialakoz,   parce que je suis à toi.

Nitzaizic,   je suis à vous (vous pluriel).
Nitzaiziela,   que je suis à vous.
Nitzaizielarik,   tandis que je suis à vous.
Nitzaizielakoz,   parce que je suis à vous.

Nitzaio,   je suis à lui.
Nitzozu,   je suis à lui (vous singulier).
Nitzon,   je suis à lui (toi féminin).
Nitzok,   je suis à lui (toi masculin).

Nitzola,   que je suis à lui.
Nitzolarik,   tandis que je suis à lui.
Nitzolakoz,   parce que je suis à lui.

Nitzaie,   je suis à eux.
Nitzezu,   je suis à eux (vous singulier).
Nitzen,   je suis à eux (toi féminin).
Nitzek,   je suis à eux (toi masculin).

Nitzela,   que je suis à eux.
Nitzelarik,   tandis que je suis à eux.
Nitzelakoz,   parce que je suis à eux.

Hiz,   tu es.

Hitzaït,   tu es à moi.
Hitzaïtala,   que tu es à moi.
Hitzaïtalarik,   tandis que tu es à moi.
Hitzaïtalakoz,   parce que tu es à moi.

Hitzaïku,   tu es à nous.
Hitzaïkula,   que tu es à nous.
Hitzaïkularik,   tandis que tu es à nous.
Hitzaïkulakoz,   parce que tu es à nous.

Hitzaïo,   tu es à lui.
Hitzola,   que tu es à lui.

Hitzolarik ,	tandis que tu es à lui.
Hitzolakoz ,	parce que tu es à lui.
Hitzaie ,	tu es à eux.
Hitzela ,	que tu es à eux.
Hitzelarik ,	tandis que tu es à eux.
Hitzelakoz ,	parce que tu es à eux.
Zira ,	vous êtes (vous singulier).
Zirela ,	que vous êtes.
Zirelarik ,	tandis que vous êtes.
Zirelakoz ,	parce que vous êtes.
Zitzait ,	vous m'êtes.
Zitzaitala ,	que vous m'êtes.
Zitzaitalarik ,	tandis que vous m'êtes.
Zitzaitalakoz ,	parce que vous m'êtes.
Zitzaiku ,	vous nous êtes.
Zitzaikula ,	que vous nous êtes.
Zitzaikularik ,	tandis que vous nous êtes.
Zitzaikulakoz ,	parce que vous nous êtes.
Zitzaio ,	vous lui êtes.
Zitzola ,	que vous lui êtes.
Zitzolarik ,	tandis que vous lui êtes.
Zitzolakoz ,	parce que vous lui êtes.
Zitzaie ,	vous leur êtes.
Zitzela ,	que vous leur êtes.
Zitzelarik ,	tandis que vous leur êtes.
Zitzelakoz ,	parce que vous leur êtes.
Da ,	il est.
Duzu ,	il est (vous singulier).
Dun ,	il est (toi féminin).
Duk ,	il est (toi masculin).
Dela ,	qu'il est.
Delarik ,	tandis qu'il est.
Delakoz ,	parce qu'il est.
Zait ,	il m'est.
Zitazu ,	il m'est (vous singulier).
Zitan ,	il m'est (toi féminin).
Zitak ,	il m'est (toi masculin).

Zaïtala, qu'il m'est.
Zaïtalarik, tandis qu'il m'est.
Zaïtalakoz, parce qu'il m'est.

Zaïzu, il vous est (vous singulier).
Zaïzula, qu'il vous est.
Zaïzularik, tandis qu'il vous est.
Zaïzulakoz, parce qu'il vous est.

Zaiñ, il t'est (toi féminin).
Zaïñala, qu'il t'est.
Zaïñalarik, tandis qu'il t'est.
Zaïñalakoz, parce qu'il t'est.

Zaïk, il t'est (toi masculin).
Zaïala, qu'il t'est.
Zaïalarik, tandis qu'il t'est.
Zaïalakoz, parce qu'il t'est.

Zaïzie, il vous est (vous pluriel).
Zaïziela, qu'il vous est.
Zaïzielarik, tandis qu'il vous est.
Zaïzielakoz, parce qu'il vous est.

Zaïku, il nous est.
Zikuzu, il nous est (vous singulier).
Zikun, il nous est (toi féminin).
Zikuk, il nous est (toi masculin).

Zaïkula, qu'il nous est.
Zaïkularik, tandis qu'il nous est.
Zaïkulakoz, parce qu'il nous est.

Zaïo, il lui est.
Ziozu, il lui est (vous singulier).
Zion, il lui est (toi féminin).
Ziok, il lui est (toi masculin).

Zaïola, qu'il lui est.
Zaïolarik, tandis qu'il lui est.
Zaïolakoz, parce qu'il lui est.

Zaïe, il leur est.
Ziezu, il leur est (vous singulier).
Zien, il leur est (toi féminin).
Ziek, il leur est (toi masculin).

Zaïela,	qu'il leur est.
Zaïelarik,	tandis qu'il leur est.
Zaïelakoz,	parce qu'il leur est.
Ghira,	nous sommes.
Gutuzu,	nous sommes (vous singulier).
Gutun,	nous sommes (toi féminin).
Gutuk,	nous sommes (toi masculin).
Ghirela,	que nous sommes.
Ghirelarik,	tandis que nous sommes.
Ghirelakoz,	parce que nous sommes.
Ghitzaïzu,	nous vous sommes (vous singulier)
Ghitzaïzula,	que nous vous sommes.
Ghitzaïzularik,	tandis que nous vous sommes.
Ghitzaïzulakoz,	parce que nous vous sommes.
Ghitzaïñ,	nous te sommes (toi féminin).
Ghitzaïñala,	que nous te sommes.
Ghitzaïñalarik,	tandis que nous te sommes.
Ghitzaïñalakoz,	parce que nous te sommes.
Ghitzaïk,	nous te sommes (toi masculin).
Ghitzaïala,	que nous te sommes.
Ghitzaïalarik,	tandis que nous te sommes.
Ghitzaïalakoz,	parce que nous te sommes.
Ghitzaïzie,	nous vous sommes (vous pluriel)
Ghitzaïziela,	que nous vous sommes.
Ghitzaïzielarik,	tandis que nous vous sommes.
Ghitzaïzielakoz,	parce que nous vous sommes.
Ghitzaïo,	nous lui sommes.
Ghitzozu,	nous lui sommes (vous singulier).
Ghitzon,	nous lui sommes (toi féminin).
Ghitzok,	nous lui sommes (toi masculin).
Ghitzaïola,	que nous lui sommes.
Ghitzaïolarik,	tandis que nous lui sommes.
Ghitzaïolakoz,	parce que nous lui sommes.
Ghitzaïe,	nous leur sommes.
Ghitzezu,	nous leur sommes (vous singulier).
Ghitzen,	nous leur sommes (toi féminin).
Ghitzek,	nous leur sommes (toi masculin).

Ghitzaïela,	que nous leur sommes.
Ghitzaïelarik,	tandis que nous leur sommes.
Ghitzaïelakoz,	parce que nous leur sommes.
Ziradie,	vous êtes (vous pluriel).
Zaradiela,	que vous êtes.
Ziradielarik,	tandis que vous êtes.
Ziradielakoz,	parce que vous êtes.
Zitzaïztet,	vous m'êtes.
Zitzaïztela,	que vous m'êtes.
Zitzaïztelarik,	tandis que vous m'êtes.
Zitzaïztelakoz,	parce que vous m'êtes.
Zitzaïzkie,	vous nous êtes.
Zitzaïzkiela,	que vous nous êtes.
Zitzaïzkielarik,	tandis que vous nous êtes.
Zitzaïzkielakoz,	parce que vous nous êtes.
Zitzaïoue,	vous lui êtes.
Zitzaïouela,	que vous lui êtes.
Zitzaïouelarik,	tandis que vous lui êtes.
Zitzaïouelakoz,	parce que vous lui êtes.
Zitzeïe,	vous leur êtes.
Zitzeïela,	que vous leur êtes.
Zitzeïelarik,	tandis que vous leur êtes.
Zitzeïelakoz,	parce que vous leur êtes.
Dira,	ils sont.
Dutuzu,	ils sont (vous singulier).
Dutun,	ils sont (toi féminin).
Dutuk,	ils sont (toi masculin).
Zaïtzat,	ils me sont.
Ziztatzut,	ils me sont (vous singulier).
Ziztadan,	ils me sont (toi féminin).
Ziztadak,	ils me sont (toi masculin).
Zaïztala,	qu'ils me sont.
Zaïztalarik,	tandis qu'ils me sont.
Zaïztalakoz,	parce qu'ils me sont.
Zaïtzu,	ils vous sont (vous singulier).
Zaïtzula,	qu'ils vous sont.
Zaïtzularik,	tandis qu'ils vous sont.
Zaïtzulakoz,	parce qu'ils vous sont.

Zaïtzan,	ils te sont (toi féminin).
Zaïtzañala,	qu'ils te sont.
Zaïtzañalarik,	tandis qu'ils te sont.
Zaïtzañalakoz,	parce qu'ils te sont.
Zaïtzak,	ils te sont (toi masculin).
Zaïtzala,	qu'ils te sont.
Zaïtzalarik,	tandis qu'ils te sont.
Zaïtzalakoz,	parce qu'ils te sont.
Zaïtzie,	ils vous sont (vous pluriel).
Zaïtziela,	qu'ils vous sont.
Zaïtzielarik,	tandis qu'ils vous sont.
Zaïtzielakoz,	parce qu'ils vous sont.
Zaïzku,	ils nous sont.
Zizkutzu,	ils nous sont (vous singulier).
Zizkun,	ils nous sont (toi féminin).
Zizkuk,	ils nous sont (toi masculin).
Zaïzkula,	qu'ils nous sont.
Zaïzkularik,	tandis qu'ils nous sont.
Zaïzkulakoz,	parce qu'ils nous sont.
Zaïtzo,	ils lui sont.
Zitzozu,	ils lui sont (vous singulier).
Zitzon,	ils lui sont (toi féminin).
Zitzok,	ils lui sont (toi masculin).
Zaïtzola,	qu'ils lui sont.
Zaïtzolarik,	tandis qu'ils lui sont.
Zaïtzolakoz,	parce qu'ils lui sont.
Zaïtze,	ils leur sont.
Zitzezu,	ils leur sont (vous singulier).
Zitzen,	ils leur sont (toi féminin).
Zitzek,	ils leur sont (toi masculin).
Zaïtzela,	qu'ils leur sont.
Zaïtzelarik,	tandis qu'ils leur sont.
Zaïtzelakoz,	parce qu'ils leur sont.

Voilà, pour la conjugaison de *Niz* au mode présent, deux cent trente inflexions différentes, toutes également usitées ; tandis que les langues celtiques les plus célèbres n'en comptent guère plus de dix. Les inflexions varient dans chaque dialecte : nous employons ici la conjugaison souletine ; encore omettons-nous plusieurs variantes de ce nombre déjà si prodigieux d'inflexions, variantes d'un usage arbitraire et servant à l'euphonie du langage, que détruirait la répétition monotone des mêmes consonnances. Par exemple, on peut dire, *nitzeïzu* au lieu de *nitzaïzu*, *nitzeïo* ou *nitzo* au lieu de *nitzaïo*, etc., *zitzeïzt* pour *zitzaïl*, *zitzaïztela* pour *zitzaïztadela*, etc., etc.

PASSÉ.

Nintzan,	j'étais.
Nunduzun,	j'étais (vous singulier).
Nundiña,	j'étais (toi féminin).
Nundia,	j'étais (toi masculin).
Nintzala,	que j'étais.
Nintzalarik,	tandis que j'étais.
Nintzalakoz,	parce que j'étais.
Nintzeïzun,	j'étais à vous (vous singulier).
Nintzeïzula,	que j'étais à vous.
Nintzeïzularik,	tandis que j'étais à vous.
Nintzeïzulakoz,	parce que j'étais à vous.
Nintzeïña,	j'étais à toi (toi féminin).
Nintzeïñala,	que j'étais à toi.
Nintzeïñalarik,	tandis que j'étais à toi.
Nintzeïñalakoz,	parce que j'étais à toi.
Nintzeïa,	j'étais à toi (toi masculin).
Nintzeïala,	que j'étais à toi.
Nintzeïalarik,	tandis que j'étais à toi.
Nintzeïalakoz,	parce que j'étais à toi.
Nintzeïzien,	j'étais à vous (vous pluriel).
Nintzeïziela,	que j'étais à vous.
Nintzeïzielarik,	tandis que j'étais à vous.
Nintzeïzielakoz,	parce que j'étais à vous.
Nintzeïon,	j'étais à lui.
Nintzozun,	j'étais à lui (vous singulier).

Nintzoña ,	j'étais à lui (toi féminin).
Nintzoua ,	j'étais à lui (toi masculin).
Nintzeïola ,	que j'étais à lui.
Nintzeïolarik ,	tandis que j'étais à lui.
Nintzeïolakoz ,	parce que j'étais à lui.
Nintzeïen ,	j'étais à eux.
Nintzezun ,	j'étais à eux (vous singulier).
Nintzeïña ,	j'étais à eux (toi féminin).
Nintzeïa ,	j'étais à eux (toi masculin).
Nintzeïela ,	que j'étais à eux.
Nintzeïelarik ,	tandis que j'étais à eux.
Nintzeïelakoz ,	parce que j'étais à eux.
Hintzan ,	tu étais.
Hintzeïtan ,	tu étais à moi.
Hintzeïtala ,	que tu étais à moi.
Hintzeïtalarik ,	tandis que tu étais à moi.
Hintzeïtalakoz ,	parce que tu étais à moi.
Hintzeïkun ,	tu étais à nous.
Hintzeïkula ,	que tu étais à nous.
Hintzeïkularik ,	tandis que tu étais à nous.
Hintzeïkulakoz ,	parce que tu étais à nous.
Hintzeïon ,	tu étais à lui.
Hintzeïola ,	que tu étais à lui.
Hintzeïolarik ,	tandis que tu étais à lui.
Hintzeïolakoz ,	parce que tu étais à lui.
Hintzeïen ,	tu étais à eux.
Hintzeïela	que tu étais à eux.
Hintzeïelarik ,	tandis que tu étais à eux.
Hintzeïelakoz ,	parce que tu étais à eux.
Zinen ,	vous étiez (vous singulier).
Zinela ,	que vous étiez.
Zinelarik ,	tandis que vous étiez.
Zinelakoz ,	parce que vous étiez.
Zintzeïztan ,	vous m'étiez.
Zintzeïztala ,	que vous m'étiez.
Zintzeïztalarik ,	tandis que vous m'étiez.
Zintzeïztalakoz ,	parce que vous m'étiez.

Zintzeïkun,	vous nous étiez.
Zintzeïkula,	que vous nous étiez.
Zintzeïkularik,	tandis que vous nous étiez.
Zintzeïkulakoz,	parce que vous nous étiez.
Zintzeïon,	vous lui étiez.
Zintzeïola,	que vous lui étiez.
Zintzeïolarik,	tandis que vous lui étiez.
Zintzeïolakoz,	parce que vous lui étiez.
Zintzeïen,	vous leur étiez.
Zintzeïela,	que vous leur étiez.
Zintzeïelarik,	tandis que vous leur étiez.
Zintzeïelakoz,	parce que vous leur étiez.
Zen,	il était.
Zuzun,	il était (vous singulier).
Ziña,	il était (toi féminin).
Zia,	il était (toi masculin).
Zela,	qu'il était.
Zelarik,	tandis qu'il était.
Zelakoz,	parce qu'il était.
Zeïtan,	il m'était.
Zitazun,	il m'était (vous singulier).
Zitaña,	il m'était (toi féminin).
Zitada,	il m'était (toi masculin).
Zeïtadala,	qu'il m'était.
Zeïtadalarik,	tandis qu'il m'était.
Zeïtadalakoz,	parce qu'il m'était.
Zeïzun,	il vous était (vous singulier).
Zeïzula,	qu'il vous était.
Zeïzularik,	tandis qu'il vous était.
Zeïzulakoz,	parce qu'il vous était.
Zeiña,	il était à toi (toi féminin).
Zeiñala,	qu'il était à toi.
Zeiñalarik,	tandis qu'il était à toi.
Zeiñalakoz,	parce qu'il était à toi.
Zeïa,	il était à toi (toi masculin).
Zeïala,	qu'il était à toi.
Zeïalarik,	tandis qu'il était à toi.
Zeïalakoz,	parce qu'il était à toi.

Zeïzien,	il vous était (vous pluriel).
Zeïziela,	qu'il vous était
Zeïzielarik,	tandis qu'il vous était.
Zeïzielakoz,	parce qu'il vous était.
Zeïkun,	il nous était.
Zikuzun,	il nous était (vous singulier).
Zikuña,	il nous était (toi féminin).
Zikuïa,	il nous était (toi masculin).
Zeïkula,	qu'il nous était.
Zeïkularik,	tandis qu'il nous était.
Zeïkulakoz,	parce qu'il nous était.
Zeïon,	il lui était.
Ziozun,	il lui était (vous singulier).
Zioña,	il lui était (toi féminin).
Zioïa,	il lui était (toi masculin).
Zeïola,	qu'il lui était.
Zeïolarik,	tandis qu'il lui était.
Zeïolakoz,	parce qu'il lui était.
Zeïen,	il leur était.
Ziezun,	il leur était (vous singulier).
Zieña,	il leur était (toi féminin).
Zieïa,	il leur était (toi masculin).
Zeïela,	qu'il leur était.
Zeïelarik,	tandis qu'il leur était.
Zeïelakoz,	parce qu'il leur était.
Ghinen,	nous étions.
Guntuzun,	nous étions (vous singulier).
Guntiña,	nous étions (toi féminin).
Guntia,	nous étions (toi masculin).
Ghinela,	que nous étions.
Ghinelarik,	tandis que nous étions.
Ghinelakoz,	parce que nous étions.
Ghintzeïzun,	nous vous étions (vous singulier).
Ghintzeïzula,	que nous vous étions.
Ghintzeïzularik,	tandis que nous vous étions.
Ghintzeïzulakoz,	parce que nous vous étions.
Ghintzeiña,	nous étions à toi (féminin).
Ghintzeiñala,	que nous étions à toi.

Ghintzeñalarik,	tandis que nous étions à toi.
Ghintzeñalakoz,	parce que nous étions à toi.
Ghintzeia,	nous étions à toi (toi masculin).
Ghintzeiala,	que nous étions à toi.
Ghintzeialarik,	tandis que nous étions à toi.
Ghintzeialakoz,	parce que nous étions à toi.
Ghintzeitzien,	nous vous étions (vous pluriel).
Ghintzeitziela,	que nous vous étions.
Ghintzeitzielarik,	tandis que nous vous étions.
Ghintzeitzielakoz,	parce que nous vous étions.
Ghintzeion,	nous lui étions.
Ghintzozun,	nous lui étions (vous singulier).
Ghintzoña,	nous lui étions (toi féminin).
Ghintzola,	nous lui étions (toi masculin).
Ghintzeiola,	que nous lui étions.
Ghintzeiolarik,	tandis que nous lui étions.
Ghintzeiolakoz,	parce que nous lui étions.
Ghintzeien,	nous leur étions.
Ghintzezun,	nous leur étions (vous singulier).
Ghintzeña,	nous leur étions (toi féminin).
Ghintzeia,	nous leur étions (toi masculin).
Ghintzeiela,	que nous leur étions.
Ghintzeielarik,	tandis que nous leur étions.
Ghintzeielakoz,	parce que nous leur étions.
Zinien,	vous étiez (vous pluriel).
Ziniela,	que vous étiez.
Zinielarik,	tandis que vous étiez.
Zinielakoz,	parce que vous étiez.
Zintzeiztaden,	vous m'étiez.
Zintzeiztadela,	que vous m'étiez.
Zintzeiztadelarik,	tandis que vous m'étiez.
Zintzeiztadelakoz,	parce que vous m'étiez.
Zintzeitzkien,	vous nous étiez.
Zintzeitzkiela,	que vous nous étiez.
Zintzeitzkielarik,	tandis que vous nous étiez.
Zintzeitzkielakoz,	parce que vous nous étiez.
Zintzeiouen,	vous lui étiez.
Zintzeiouela,	que vous lui étiez.

Zintzetouelarik,	tandis que vous lui étiez.
Zintzetouelakoz,	parce que vous lui étiez.
Zintzeien,	vous leur étiez.
Zintzeiela,	que vous leur étiez.
Zintzeielarik,	tandis que vous leur étiez.
Zintzeielakoz,	parce que vous leur étiez.
Ziren,	ils étaient.
Zutuzun,	ils étaient (vous singulier).
Zutiña,	ils étaient (toi féminin).
Zutia,	ils étaient (toi masculin).
Zirela,	qu'ils étaient.
Zirelarik,	tandis qu'ils étaient.
Zirelakoz,	parce qu'ils étaient.
Zeiztan,	ils m'étaient.
Ziztatzun,	ils m'étaient (vous singulier).
Ziztaña,	ils m'étaient (toi féminin).
Ziztada,	ils m'étaient (toi masculin).
Zeiztala,	qu'ils m'étaient.
Zeiztalarik,	tandis qu'ils m'étaient.
Zeiztalakoz,	parce qu'ils m'étaient.
Zeïtzun,	ils vous étaient (vous singulier).
Zeïtzula,	qu'ils vous étaient.
Zeïtzularik,	tandis qu'ils vous étaient.
Zeïtzulakoz,	parce qu'ils vous étaient
Zeïtzaña,	ils étaient à toi (féminin).
Zeïtzañala,	qu'ils étaient à toi.
Zeïtzañalarik,	tandis qu'ils étaient à toi.
Zeïtzañalakoz,	parce qu'ils étaient à toi.
Zeïtza,	ils étaient à toi (masculin).
Zeïtzala,	qu'ils étaient à toi.
Zeïtzalarik,	tandis qu'ils étaient à toi.
Zeïtzalakoz,	parce qu'ils étaient à toi.
Zeïtzien,	ils étaient à vous (pluriel).
Zeïtziela,	qu'ils étaient à vous.
Zeïtzielarik,	tandis qu'ils étaient à vous
Zeïtzielakoz,	parce qu'ils étaient à vous.
Zeïzkun,	ils nous étaient.
Zizkutzun,]	ils nous étaient (vous singulier).

Zizkaña,	ils nous étaient (toi féminin).
Zizkuia,	ils nous étaient (toi masculin).
Zeïzkuia,	qu'ils nous étaient.
Zeïzkuiarik,	tandis qu'ils nous étaient.
Zeïzkulakoz,	parce qu'ils nous étaient.
Zeïtzon,	ils lui étaient.
Zitzozun,	ils lui étaient (vous singulier).
Zitzoña,	ils lui étaient (toi féminin).
Zitzoua,	ils lui étaient (toi masculin).
Zeïtzola,	qu'ils lui étaient.
Zeïtzolarik,	tandis qu'ils lui étaient.
Zeïtzolakoz,	parce qu'ils lui étaient.
Zeïtzen,	ils leur étaient.
Zitzezun,	ils leur étaient (vous singulier).
Zitzeña,	ils leur étaient (toi féminin).
Zitzeïa,	ils leur étaient (toi masculin).
Zeïtzela,	qu'ils leur étaient.
Zeïtzelarik,	tandis qu'ils leur étaient.
Zeïtzelakoz,	parce qu'ils leur étaient.

La conjugaison substantive de *Niz*, pour le mode futur, n'existe que dans le dialecte vasco-souletin, et c'est l'une des raisons qui nous l'ont fait choisir de préférence. Le dialecte cantabre forme le futur, en donnant au verbe essentiel une valeur auxiliaire.

Izanen naiz,	je serai existant, etc.
Ukhanen dut,	j'aurai, je serai ayant, etc.

FUTUR.

Nizate,	je serai.
Nukezu,	je serai (vous singulier).
Nuken,	je serai.
Nukek,	je serai.
Nizatiala,	que je serai.
Nizatialarik,	tandis que je serai.
Nizatialakoz,	parce que je serai.

9

Nitzaïkezu,	je vous serai (vous singulier).
Nitzaïkezula,	que je vous serai.
Nitzaïkezularik,	tandis que je vous serai.
Nitzaïkezulakoz,	parce que je vous serai.
Nitzaïken,	je te serai (toi féminin).
Nitzaïkeñala,	que je te serai.
Nitzaïkeñalarik,	tandis que je te serai.
Nitzaïkeñalakoz,	parce que je te serai.
Nitzaïkek,	je te serai (toi masculin).
Nitzaïketala,	que je te serai.
Nitzaïketalarik,	tandis que je te serai.
Nitzaïketalakoz,	parce que je te serai.
Nitzaïkezie,	je vous serai (vous pluriel).
Nitzaïkeziela,	que je vous serai.
Nitzaïkezielarik,	tandis que je vous serai.
Nitzaïkezielakoz,	parce que je vous serai.
Nitzaïkio,	je lui serai.
Nitzaïkiozu,	je lui serai (vous singulier).
Nitzaïkion,	je lui serai (toi féminin).
Nitzaïkiok,	je lui serai (toi masculin).
Nitzaïkiola,	que je lui serai.
Nitzaïkiolarik,	tandis que je lui serai.
Nitzaïkiolakoz,	parce que je lui serai.
Nitzaïkete,	je leur serai.
Nitzaïkiezu,	je leur serai (vous singulier).
Nitzaïkien,	je leur serai.
Nitzaïkiek,	je leur serai.
Nitzaïkiela,	que je leur serai.
Nitzaïkielarik,	tandis que je leur serai.
Nitzaïkielakoz,	parce que je leur serai.
Hizate,	tu seras.
Hizatiala,	que tu seras.
Hizatialarik,	tandis que tu seras.
Hizatialakoz,	parce que tu seras.
Hitzaïket,	tu me seras.
Hitzaïkedala,	que tu me seras.
Hitzaïkedalarik,	tandis que tu me seras.
Hitzaïkedalakoz,	parce que tu me seras.

Hitzaïkegu,	tu nous seras.
Hitzaïkegula,	que tu nous seras.
Hitzaïkegularik,	tandis que tu nous seras.
Hitzaïkegulakoz,	parce que tu nous seras.
Hitzaïkio,	tu lui seras.
Hitzaïkiola,	que tu lui seras.
Hitzaïkiolarik,	tandis que tu lui seras.
Hitzaïkiolakoz,	parce que tu lui seras.
Hitzaïkete,	tu leur seras.
Hitzaïketela,	que tu leur seras.
Hitzaïketelarik,	tandis que tu leur seras.
Hitzaïketelakoz,	parce que tu leur seras.
Zirate,	vous serez (vous singulier).
Ziratiala,	que vous serez.
Ziratialarik,	tandis que vous serez.
Ziratialakoz,	parce que vous serez.
Zitzaïket,	vous me serez.
Zitzaïkedala,	que vous me serez.
Zitzaïkedalarik,	tandis que vous me serez.
Zitzaïkedalakoz,	parce que vous me serez.
Zitzaïkegu,	vous nous serez.
Zitzaïkegula,	que vous nous serez.
Zitzaïkegularik,	tandis que vous nous serez.
Zitzaïkegulakoz,	parce que vous nous serez.
Zitzaïkio,	vous lui serez.
Zitzaïkiola,	que vous lui serez.
Zitzaïkiolarik,	tandis que vous lui serez.
Zitzaïkiolakoz,	parce que vous lui serez.
Zitzaïkete,	vous leur serez.
Zitzaïketela,	que vous leur serez.
Zitzaïketelarik,	tandis que vous leur serez.
Zitzaïketelakoz,	parce que vous leur serez.
Date,	il sera.
Dukezu,	il sera (vous singulier).
Duken,	il sera (toi féminin).
Dukek,	il sera (toi masculin).
Datekiala,	qu'il sera.
Datekialarik,	tandis qu'il sera.
Datekialakoz,	parce qu'il sera.

Zaiket,	il me sera.
Zikedazu,	il me sera (vous singulier).
Zikedan,	il me sera (toi féminin).
Zikedak,	il me sera (toi masculin).
Zaikedala,	qu'il me sera.
Zaikedalarik,	tandis qu'il me sera.
Zaikedalakoz,	parce qu'il me sera.
Zaikezu,	il vous sera (vous singulier).
Zaikezula,	qu'il vous sera.
Zaikezularik,	tandis qu'il vous sera.
Zaikezulakoz,	parce qu'il vous sera.
Zaiken,	il te sera (toi féminin).
Zaikeñala,	qu'il te sera.
Zaikeñalarik,	tandis qu'il te sera.
Zaikeñalakoz,	parce qu'il te sera.
Zaikek,	il te sera (toi masculin).
Zaikeiala,	qu'il te sera.
Zaikeialarik,	tandis qu'il te sera.
Zaikeialakoz,	parce qu'il te sera.
Zaikezie,	il vous sera (vous pluriel).
Zaikeziela,	qu'il vous sera.
Zaikezielarik,	tandis qu'il vous sera.
Zaikezielakoz,	parce qu'il vous sera.
Zaikegu,	il nous sera.
Zikeguzu,	il nous sera (vous singulier).
Zikegun,	il nous sera (toi féminin).
Zikeguk,	il nous sera (toi masculin).
Zaikegula,	qu'il nous sera.
Zaikegularik,	tandis qu'il nous sera.
Zaikegulakoz,	parce qu'il nous sera.
Zaikio,	il lui sera.
Zikiozu,	il lui sera (vous singulier).
Zikion,	il lui sera (toi féminin).
Zikiok,	il lui sera (toi masculin).
Zaikiola,	qu'il lui sera.
Zaikiolarik,	tandis qu'il lui sera.
Zaikiolakoz,	parce qu'il lui sera.

Zaïkeie,   il leur sera.
Zikiezu,   il leur sera (vous singulier).
Zikien,   il leur sera (toi féminin).
Zikiek,   il leur sera (toi masculin).

Zaïkeiela,   qu'il leur sera.
Zaïkeielarik,   tandis qu'il leur sera.
Zaïkeielakoz,   parce qu'il leur sera.

Ghirate,   nous serons.
Gutakezu,   nous serons (vous singulier).
Gutuken,   nous serons (toi féminin).
Gutakek,   nous serons (toi masculin).

Ghiratiala,   que nous serons.
Ghiratialarik,   tandis que nous serons.
Ghiratialakoz,   parce que nous serons.

Ghitzaïkezu,   nous vous serons (vous singulier).
Ghitzaïkezula,   que nous vous serons.
Ghitzaïkezularik,   tandis que nous vous serons.
Ghitzaïkezulakoz,   parce que nous vous serons

Ghitzaïken,   nous te serons (toi féminin).
Ghitzaïkeñala,   que nous te serons.
Ghitzaïkeñalarik,   tandis que nous te serons.
Ghitzaïkeñalakoz,   parce que nous te serons.

Ghitzaïkek,   nous te serons (toi masculin).
Ghitzaïkeiala,   que nous te serons.
Ghitzaïkeialarik,   tandis que nous te serons.
Ghitzaïkeialakoz,   parce que nous te serons.

Ghitzaïkezie,   nous vous serons (vous pluriel).
Ghitzaïkeziela,   que nous vous serons.
Ghitzaïkezielarik,   tandis que nous vous serons.
Ghitzaïkezielakoz,   parce que nous vous serons.

Ghitzaïkio,   nous lui serons.
Ghitzaïkiozu,   nous lui serons (vous singulier).
Ghitzaïkion,   nous lui serons (toi féminin).
Ghitzikiok,   nous lui serons (toi masculin).

Ghitzaïkiola,   que nous lui serons.
Ghitzaïkiolarik,   tandis que nous lui serons.
Ghitzaïkiolakoz,   parce que nous lui serons.

Ghitzaïkeie,	nous leur serons.
Ghitzikiezu,	nous leur serons (vous singulier).
Ghitzikien,	nous leur serons (toi féminin).
Ghitzikiek,	nous leur serons (toi masculin).
Ghitzaïkeiela,	que nous leur serons.
Ghitzaïkeielarik,	tandis que nous leur serons.
Ghitzaïkeielakoz,	parce que nous leur serons.
Ziratekie,	vous serez (vous pluriel).
Ziratekiela,	que vous serez.
Ziratekielarik,	tandis que vous serez.
Ziratekielakoz,	parce que vous serez.
Zitzaïzkiet,	vous me serez.
Zitzaïzkiedala,	que vous me serez.
Zitzaïzkiedalarik,	tandis que vous me serez.
Zitzaïzkiedalakoz,	parce que vous me serez.
Zitzaïzkiegu,	vous nous serez.
Zitzaïzkiegula,	que vous nous serez.
Zitzaïzkiegularik,	tandis que vous nous serez.
Zitzaïzkiegulakoz,	parce que vous nous serez.
Zitzaïzkioue,	vous lui serez.
Zitzaïzkiouela,	que vous lui serez.
Zitzaïzkiouelarik,	tandis que vous lui serez.
Zitzaïzkiouelakoz,	parce que vous lui serez.
Zitzeïzkeie,	vous leur serez.
Zitzeïzkeiela,	que vous leur serez.
Zitzeïzkeielarik,	tandis que vous leur serez.
Zitzeïzkeielakoz,	parce que vous leur serez.
Dirate,	ils seront.
Datukezu,	ils seront (vous singulier).
Datuken,	ils seront (toi féminin).
Datukek,	ils seront (toi masculin).
Zaïzketzat,	ils me seront.
Zizkedatzut,	ils me seront (vous singulier).
Zizkedan,	ils me seront (toi féminin).
Zizkedak,	ils me seront (toi masculin).
Zaïzkedala,	qu'ils me seront.
Zaïzkedalarik,	tandis qu'ils me seront.
Zaïzkedalakoz,	parce qu'ils me seront.

Zaïzketzu ,	ils vous seront.
Zaïzketzala ,	qu'ils vous seront.
Zaïzketzalarik ,	tandis qu'ils vous seront.
Zaïzketzalakoz ,	parce qu'ils vous seront.
Zaïzketzan ,	ils te seront (toi féminin).
Zaïzketzañala ,	qu'ils te seront.
Zaïzketzañalarik ,	tandis qu'ils te seront.
Zaïzketzañalakoz,	parce qu'ils te seront.
Zaïzketzak ,	ils te seront (toi masculin).
Zaïzketzala ,	qu'ils te seront.
Zaïzketzalarik ,	tandis qu'ils te seront.
Zaïzketzalakoz ,	parce qu'ils te seront.
Zaïzketzie ,	ils vous seront (vous pluriel).
Zaïzketziela ,	qu'ils vous seront.
Zaïzketzielarik ,	tandis qu'ils vous seront.
Zaïzketzielakoz ,	parce qu'ils vous seront.
Zaïzkuke ,	ils nous seront.
Zizkuketzu ,	ils nous seront (vous singulier).
Zizkuken ,	ils nous seront (toi féminin).
Zizkukek ,	ils nous seront (toi masculin).
Zaïzkukela ,	qu'ils nous seront.
Zaïzkukelarik ,	tandis qu'ils nous seront.
Zaïzkukelakoz ,	parce qu'ils nous seront.
Zaïtzoke ,	ils lui seront.
Zitzokezu ,	ils lui seront (vous singulier).
Zitzoken ,	ils lui seront (toi féminin).
Zitzokek ,	ils lui seront (toi masculin).
Zaïtzokiala ,	qu'ils lui seront.
Zaïtzokialarik ,	tandis qu'ils lui seront.
Zaïtzokialakoz ,	parce qu'ils lui seront.
Zaïzketzé ,	ils leur seront.
Zitzekézu ,	ils leur seront (vous singulier).
Zitzekén ,	ils leur seront (toi féminin).
Zitzekék ,	ils leur seront (toi masculin).
Zaïzketzéla ,	qu'ils leur seront.
Zaïzketzélarik ,	tandis qu'ils leur seront.
Zaïzketzélakoz ,	parce qu'ils leur seront.

Le conditionnel est au futur simple ce que l'imparfait est au présent ; la liquide *n* caractérise ces deux modes secondaires : la conjugaison du conditionnel est régulièrement calquée sur celle du futur, avec l'interposition de l'N ; la liquide *l* remplace le *d* de la troisième personne.

CONDITIONNEL

Nintzate,	je serais.
Nundukezu,	je serais (vous singulier).
Nunduken,	je serais (toi féminin).
Nundukek,	je serais (toi masculin).
Nintzatiala,	que je serais.
Nintzatialarik,	tandis que je serais.
Nintzatialakoz,	parce que je serais.
Nintzeïkezu,	je vous serais.
Nintzeïkezula,	que je vous serais.
Nintzeïkezularik,	tandis que je vous serais.
Nintzeïkezulakoz,	parce que je vous serais.
Nintzeïken,	je te serais (toi féminin).
Nintzeïkeñala,	que je te serais.
Nintzeïkeñalarik,	tandis que je te serais.
Nintzeïkeñalakoz,	parce que je te serais.
Nintzeïkek,	je te serais (toi masculin).
Nintzeïkeïala,	que je te serais.
Nintzeïkeïalarik,	tandis que je te serais.
Nintzeïkeïalakoz,	parce que je te serais.
Nintzeïkezie,	je vous serais (vous pluriel).
Nintzeïkeziela,	que je vous serais.
Nintzeïkezielarik,	tandis que je vous serais.
Nintzeïkezielakoz,	parce que je vous serais.
Nintzeïkio,	je lui serais.
Nintzeïkiozu,	je lui serais (vous singulier).
Nintzeïkion,	je lui serais (toi féminin).
Nintzeïkiok,	je lui serais (toi masculin).
Nintzeïkiola,	que je lui serais.
Nintzeïkiolarik,	tandis que je lui serais.
Nintzeïkiolakoz,	parce que je lui serais.

Nintzeikeie,   je leur serais.
Nintzikiezu,   je leur serais (vous singulier).
Nintzikien,   je leur serais (toi féminin).
Nintzikiek,   je leur serais (toi masculin).

Nintzeikeiela,   que je leur serais.
Nintzeikeielarik,   tandis que je leur serais.
Nintzeikeielakoz,   parce que je leur serais.

Hintzate,   tu serais.
Hintzatiala,   que tu serais.
Hintzatialarik,   tandis que tu serais.
Hintzatialakoz,   parce que tu serais.

Hintzeiket,   tu me serais.
Hintzeikedala,   que tu me serais.
Hintzeikedalarik,   tandis que tu me serais.
Hintzeikedalakoz,   parce que tu me serais.

Hintzeikegu,   tu nous serais.
Hintzeikegula,   que tu nous serais.
Hintzeikegularik,   tandis que tu nous serais.
Hintzeikegulakoz,   parce que tu nous serais.

Hintzeikeio,   tu lui serais.
Hintzeikeiola,   que tu lui serais.
Hintzeikeiolarik,   tandis que tu lui serais.
Hintzeikeiolakoz,   parce que tu lui serais.

Hintzeikeie,   tu leur serais.
Hintzeikeiela,   que tu leur serais.
Hintzeikeielarik,   tandis que tu leur serais.
Hintzeikeielakoz,   parce que tu leur serais.

Zinate,   vous seriez (vous singulier).
Zinatiala,   que vous seriez.
Zinatialarik,   tandis que vous seriez.
Zinatialakoz,   parce que vous seriez.

Zintzeizket,   vous me seriez.
Zintzeizkedala,   que vous me seriez.
Zintzeizkedalarik,   tandis que vous me seriez.
Zintzeizkedalakoz,   parce que vous me seriez.

Zintzeizkegu,   vous nous seriez.
Zintzeizkegula,   que vous nous seriez.

Zintzeizkegularik, tandis que vous nous seriez.
Zintzeizkegulakoz, parce que vous nous seriez.

Zintzeizkio,   vous lui seriez.
Zintzeizkiola,   que vous lui seriez.
Zintzeizkiolarik, tandis que vous lui seriez.
Zintzeizkiolakoz, parce que vous lui seriez.

Zintzeizkeie,   vous leur seriez.
Zintzeizkeiela,   que vous leur seriez.
Zintzeizkeielarik, tandis que vous lui seriez.
Zintzeizkeielakoz, parce que vous leur seriez.

Lizate,   il serait.
Lukezu,   il serait (vous singulier).
Luken,   il serait (toi féminin).
Lukek,   il serait (toi masculin).

Lizatekiala,   qu'il serait.
Lizatekiolarik, tandis qu'il serait.
Lizatekialakoz, parce qu'il serait.

Litzaiket,   il me serait.
Likedazut,   il me serait (vous singulier).
Likedan,   il me serait (toi féminin).
Likedak,   il me serait (toi masculin).

Lizaïkedala,   qu'il me serait.
Lizaïkedalarik, tandis qu'il me serait.
Lizaïkedalakoz, parce qu'il me serait.

Litzaïkezu,   il vous serait (vous singulier).
Litzaïkezula,   qu'il vous serait.
Litzaïkezularik, tandis qu'il vous serait.
Litzaïkezulakoz, parce qu'il vous serait.

Litzaïken,   il te serait (toi féminin).
Litzaïkeñala,   qu'il te serait.
Litzaïkeñalarik, tandis qu'il te serait.
Litzaïkeñalakoz, parce qu'il te serait.

Litzaïkek,   il te serait (toi masculin).
Litzaïkeiala,   qu'il te serait.
Litzaïkeialarik, tandis qu'il te serait.
Litzaïkeialakoz, parce qu'il te serait.

Litzaïkezie,   il vous serait (vous pluriel).
Litzaïkeziela, qu'il vous serait.

Litzaïkezielarik, tandis qu'il vous serait.
Litzaïkezielakoz, parce qu'il vous serait.

Litzaïkegu, il nous serait.
Litzaïkeguzu, il nous serait (vous singulier).
Litzaïkegun, il nous serait (toi féminin).
Litzaïkeguk, il nous serait (toi masculin).

Litzaïkegula, qu'il nous serait.
Litzaïkegularik, tandis qu'il nous serait.
Litzaïkegulakoz, parce qu'il nous serait.

Litzaïkio, il lui serait.
Litzikiozu, il lui serait (vous singulier).
Litzikion, il lui serait (toi féminin).
Litzikiok, il lui serait (toi masculin).

Litzaïkiola, qu'il lui serait.
Litzaïkiolarik, tandis qu'il lui serait.
Litzaïkiolakoz, parce qu'il lui serait.

Litzaïkete, il leur serait.
Litzikiezu, il leur serait (vous singulier).
Litzikien, il leur serait (toi féminin).
Litzikiek, il leur serait (toi masculin).

Litzaïketela, qu'il leur serait.
Litzaïketelarik, tandis qu'il leur serait.
Litzaïketelakoz, parce qu'il leur serait.

Ghinate, nous serions.
Guntukezu, nous serions (vous singulier).
Guntuken, nous serions (toi féminin).
Guntukek, nous serions (toi masculin).

Ghinatiala, que nous serions.
Ghinatialarik, tandis que nous serions.
Ghinatialakoz, parce que nous serions.

Ghintzaïkezu, nous vous serions (vous singulier).
Ghintzaïkezula, que nous vous serions.
Ghintzaïkezularik, tandis que nous vous serions.
Ghintzaïkezulakoz, parce que nous vous serions.

Ghintzaïken, nous te serions (toi féminin).
Ghintzaïkeñala, que nous te serions.
Ghintzaïkeñalarik, tandis que nous te serions.
Ghintzaïkeñalakoz, parce que nous te serions.

Ghintzaïkek,   nous te serions (toi masculin).
Ghintzaïketala,   que nous te serions.
Ghintzaïketalarik,   tandis que nous te serions.
Ghintzaïketalakoz,   parce que nous te serions.

Ghintzeïkezie,   nous vous serions (vous pluriel).
Ghintzeïkeziela,   que nous vous serions.
Ghintzeïkezielarik,   tandis que nous vous serions.
Ghintzeïkezielakoz,   parce que nous vous serions.

Ghintzeïketo,   nous lui serions.
Ghintzeïkiozu,   nous lui serions (vous singulier).
Ghintzikion,   nous lui serions (toi féminin).
Ghintzikiok,   nous lui serions (toi masculin).

Ghintzeïketola,   que nous lui serions.
Ghintzeïketolarik,   tandis que nous lui serions.
Ghintzeïketolakoz,   parce que nous lui serions.

Ghintzeïkete,   nous leur serions.
Ghintzeïkiezu,   nous leur serions (vous singulier).
Ghintzikien,   nous leur serions (toi féminin).
Ghintzikiek,   nous leur serions (toi masculin).

Ghintzeïketela,   que nous leur serions.
Ghintzeïketelarik,   tandis que nous leur serions.
Ghintzeïketelakoz,   parce que nous leur serions.

Zinatekie,   vous seriez (vous pluriel).
Zinatekiela,   que vous seriez.
Zinatekielarik,   tandis que vous seriez.
Zinatekielakoz,   parce que vous seriez.

Zintzeïzkiet,   vous me seriez.
Zintzeïzkiedala,   que vous me seriez.
Zintzeïzkiedalarik,   tandis que vous me seriez.
Zintzeïzkiedalakoz,   parce que vous me seriez.

Zintzeïzkiegu,   vous nous seriez.
Zintzeïzkiegula,   que vous nous seriez.
Zintzeïzkiegularik,   tandis que vous nous seriez.
Zintzeïzkiegulakoz,   parce que vous nous seriez.

Zintzeïzkioue,   vous lui seriez.
Zintzeïzkionela,   que vous lui seriez.
Zintzeïzkiouelarik,   tandis que vous lui seriez.
Zintzeïzkiouelakoz,   parce que vous lui seriez.

Zintzeizkeie,	vous leur seriez.
Zintzeizkeiela,	que vous leur seriez.
Zintzeizkeielarik,	tandis que vous leur seriez.
Zintzeizkeielakoz,	parce que vous leur seriez.
Lirate,	ils seraient.
Lutukezu,	ils seraient (vous singulier).
Lutuken,	ils seraient (toi féminin).
Lutukek,	ils seraient (toi masculin).
Litzaizketzat,	ils me seraient.
Litzketzadazut,	ils me seraient (vous singulier).
Litzickedan,	ils me seraient (toi féminin).
Litzickedak,	ils me seraient (toi masculin).
Litzaizkedala,	qu'ils me seraient.
Litzaizkedalarik,	tandis qu'ils me seraient.
Litzaizkedalakoz,	parce qu'ils me seraient.
Litzaizkeza,	ils vous seraient.
Litzaizkezala,	qu'ils vous seraient.
Litzaizkezalarik,	tandis qu'ils vous seraient.
Litzaizkezulakoz,	parce qu'ils vous seraient.
Litzaizketzan,	ils te seraient (toi féminin).
Litzaizkezañala,	qu'ils te seraient.
Litzaizkezañalarik,	tandis qu'ils te seraient.
Litzaizkezañalakoz,	parce qu'ils te seraient.
Litzaizketzak,	ils te seraient (toi masculin).
Litzaizketzala,	qu'ils te seraient.
Litzaizketzalarik,	tandis qu'ils te seraient.
Litzaizketzalakoz,	parce qu'ils te seraient.
Litzaizketzie,	ils vous seraient.
Litzaizkeziela,	qu'ils vous seraient.
Litzaizkezielarik,	tandis qu'ils vous seraient.
Litzaizkezielakoz,	parce qu'ils vous seraient.
Litzaizkake,	ils nous seraient.
Litzaizkakezu,	ils nous seraient (vous singulier).
Litzaizkuken,	ils nous seraient (toi féminin).
Litzaizkakek,	ils nous seraient (toi masculin).
Litzaizkakiala,	qu'ils nous seraient.
Litzaizkakialarik,	tandis qu'ils nous seraient.
Litzaizkakialakoz,	parce qu'ils nous seraient.

Litzaïzketzo,	ils lui seraient.
Litzeizkiotzu,	ils lui seraient (vous singulier).
Litzeizkion,	ils lui seraient (toi féminin).
Litzeizkiok,	ils lui seraient (toi masculin).
Litzeizkiola,	qu'ils lui seraient.
Litzeizkiolarik,	tandis qu'ils lui seraient.
Litzeizkiolakoz,	parce qu'ils lui seraient.
Litzaïzketze,	ils leur seraient.
Litzeizkietzu,	ils leur seraient (vous singulier).
Litzeizkien,	ils leur seraient (toi féminin).
Litzeizkiek,	ils leur seraient (toi masculin).
Litzaïzketzela,	qu'ils leur seraient.
Litzaïzketzelarik,	tandis qu'ils leur seraient.
Litzaïzketzelakoz,	parce qu'ils leur seraient.

Toutes ces formes sont aussi usuelles en langue euska-rienne que les phrases correspondantes du français; le basque ne séparant jamais de la conjugaison, les relations des personnes, et l'expression des régimes.

POSITIF CONDITIONNEL.

Neinte,	je serais.
Zintake,	vous seriez (vous singulier).
Heinte,	tu serais.
Leite,	il serait.
Ghintake,	nous serions.
Zintakie,	vous seriez (vous pluriel).
Litake.	ils seraient.

L'on peut dire aussi bien *ninteke*, *hinteke*, *liteke*; etc.

Neintekiala,	que je serais.
Neintekialarik,	tandis que je serais.
Neintekialakoz,	parce que je serais.

De même pour chaque personne du mode positif.

PASSÉ CONDITIONNEL.

Nintzatekin,	j'aurais été.
Nintzetkezun,	je vous aurais été (vous singulier).

Nintzeikeña,   je t'aurais été (toi féminin).
Nintzeikela,   je t'aurais été (toi masculin).
Nintzeikeizien,   je vous aurais été (vous pluriel).
Nintzeikion,   je lui aurais été.
Nintzeikeien,   je leur aurais été.

Zinatekin,   vous auriez été (vous singulier).
Zintzeikedan,   vous m'auriez été.
Zintzeikegun,   vous nous auriez été.
Zintzeikion,   vous lui auriez été.
Zintzeizkeien,   vous leur auriez été.

Hintzatekin,   tu aurais été.
Hintzeikedan,   tu m'aurais été.
Hintzeikegun,   tu nous aurais été.
Hintzeikeion,   tu lui aurais été.
Hintzeikeien,   tu leur aurais été.

Zatekin,   il aurait été.
Zaikedan,   il m'aurait été.
Zaikezun,   il vous aurait été (vous singulier).
Zaikeña,   il t'aurait été (toi féminin).
Zaikela,   il t'aurait été (toi masculin).
Zaikezien,   il vous aurait été (vous pluriel).
Zaikegun,   il nous aurait été.
Zaikeion,   il lui aurait été.
Zaikeien,   il leur aurait été.

Ghinatekin,   nous aurions été.
Ghintzaikezun,   nous vous aurions été (vous singulier).
Ghintzaikeña,   nous t'aurions été (toi féminin).
Ghintzaikela,   nous t'aurions été (toi masculin).
Ghintzeikezien, nous vous aurions été (vous pluriel).
Ghintzeikeion,   nous lui aurions été.
Ghintzeikeien,   nous leur aurions été.

Zinatekien,   vous auriez été (vous pluriel).
Zintzeizkiedan, vous m'auriez été.
Zintzeizkiegun, vous nous auriez été.
Zintzeizkiouen, vous lui auriez été.
Zintzeizkeien,   vous leur auriez été.

Ziratekin,   ils auraient été.
Zaizkedan,   ils m'auraient été.
Zaizkeizun,   ils vous auraient été (vous singulier).

Zaizketzaña,	ils t'auraient été (toi féminin).
Zaizketza,	ils t'auraient été (toi masculin).
Zaizketzien,	ils vous auraient été.
Zaizkegun,	ils nous auraient été.
Zaizketzon,	ils lui auraient été.
Zaizketzen,	ils leur auraient été.

Nous avons omis dans la conjugaison du passé conditionnel les relations personnelles secondaires, et l'expression des conjonctives *que*, *tandis que*, *parce que*, etc. Le lecteur suppléera facilement à cette lacune, avec le secours des tableaux précédents.

IMPÉRATIF.

Iz,	sois.
Biz,	soit lui.
Hadi,	sois, toi.
Zite,	soyez (vous singulier).
Zitie,	soyez (vous pluriel).
Bedi,	soit lui.
Bite,	soient eux.
Hakit,	sois à moi.
Hakigu,	sois à nous.
Hakio,	sois à lui.
Hakie,	sois à eux.
Zakitzat,	soyez à moi (vous singulier).
Zakitzagu,	soyez à nous.
Zakitzo,	soyez à lui.
Zakitze,	soyez à eux.
Zakitzadet,	soyez à moi (vous pluriel).
Zakitzegu,	soyez à nous.
Zakitzoue,	soyez à lui.
Zakitzeie,	soyez à eux.
Bekit,	soit à moi, lui.
Bekigu,	soit à nous, lui.
Bekio,	soit à lui, il
Bekie,	soit à eux, lui.
Beizkitzat,	soient à moi, eux
Beizkigu,	soient à nous, eux

Beizkio,   soient à lui, eux.
Betzkitze,   soient à eux, ils.

OPTATIF.

Nadin,   que je sois.
Zitian,   que vous soyez (vous singulier).
Hadin,   que tu sois.
Dadin,   qu'il soit.
Ghitian,   que nous soyons.
Zitaien,   que vous soyez (vous pluriel)
Ditian,   qu'ils soient.

POSITIF.

Nadila,   que je sois.
Zitiala,   que vous soyez (vous singulier).
Hadila,   que tu sois.
Dadila,   qu'il soit.
Ghitiala,   que nous soyons.
Zitaiela,   que vous soyez (vous pluriel).
Ditiala,   qu'ils soient.

OPTATIF CONDITIONNEL.

Nendin,   que je fusse.
Zintian,   que vous fussiez (vous singulier).
Hendin,   que tu fusses.
Ledin, Zedin,   qu'il fût.
Ghintian,   que nous fussions.
Zinteien,   que vous fussiez (vous pluriel).
Litian,   qu'ils fussent.

Une fois pour toutes, le lecteur remarquera l'art avec
lequel la conjugaison euskarienne combine dans toutes ses
désinences l'expression de la conjonctive *que*, monosyllabe
barbare dont la présence embarrasse si misérablement la
construction des langues prétendues méthodiques, et dont
la suppression occasionne tant de règles arbitraires dans
la syntaxe des langues à libre inversion, comme le latin, le
grec, etc.

II.

CONJUGAISON SUBSTANTIVE DE *DUT*.

L'on a dit que la langue euskarienne reconnaît deux verbes *Niz* et *Dut*, je suis et j'ai. Cette assertion n'est exacte que sous un point de vue de division grammaticale. Il est certain que la forme *Dut* n'est que la troisième personne du verbe *Niz*; *da*, avec combinaison d'un double rapport; *dahoura* lui est, il est : le *t* final exprimant une relation personnelle à l'individu qui parle. *Dut* signifie en définition, lui est à moi, je l'ai, j'ai. Voilà la vraie raison pour laquelle la conjugaison de *Dut* emporte l'expression d'un régime j'ai, je l'ai. Le passé de *Dut*, *nian* ou *nuen*, j'avais je l'avais, offre dans sa décomposition syllabique *nihurane*, lui, était de moi, à moi : ainsi des autres modes. L'impératif de *Dut*, *ezak ezadak*, qui n'a jamais de valeur que comme forme auxiliaire, dérive de l'impératif *iz* avec déterminante *a* et relation *k*; il s'écrit *izak*, *izadak*, dans la plupart des dialectes, et se combine avec les noms actifs pour compléter la conjugaison.

Une autre remarque qui achève de démontrer que le *Dut* n'est qu'une modification de *Niz* avec expression de divers rapports, et intervertissement de personnes, c'est que la conjugaison de *Niz* avec relation de personnes et celle de *Dut* régissant des personnes, sont parfaitement identiques.

Nuzu,	vous m'avez (vous singulier).
Nuzu,	je suis (vous dis-je, vous singulier).
Nuk,	tu m'as (toi masculin).
Nuk,	je suis (parlant à toi masculin).
Nun,	tu m'as (toi féminin).
Nun,	je suis (parlant à toi féminin).
Duzu,	vous l'avez (vous singulier).
Duzu,	il est (vous dis-je).

Duk ,   tu l'as (toi masculin).
Duk ,   il est (je le dis à toi, masculin).

Dan ,   tu l'as (toi féminin).
Dien ,   il est (je le dis à toi, féminin).

Gutuzu,   vous nous avez (vous singulier).
Gatuzu,   nous sommes (je vous le dis).

Gutuk ,   tu nous as (toi masculin).
Gatuk ,   nous sommes (je le dis à toi, masculin).

Gutun ,   tu nous as (toi féminin).
Gatun ,   nous sommes (je te le dis).

Dutuzu ,   vous les avez (vous singulier).
Datuzu ,   ils sont (vous dis-je).

Dutun ,   tu les as.
Dutun ,   ils sont (te dis-je à toi, féminin).

Dutuk ,   tu les as.
Dutuk ,   ils sont (te dis-je à toi, masculin).

L'emploi de *Dut* comme auxiliaire des noms actifs, nous oblige à séparer sa conjugaison de celle de *Niz*. Nous donnerons d'abord la première personne de chaque mode.

IMPÉRATIF.

Ezak ,   sois toi, aye.
Ezazu ,   soyez vous, ayez (singulier).
Ezazie ,   soyez vous, ayez (pluriel).
Beza ,   soit lui, ait lui.
Beze ,   soient eux, aient eux.

OPTATIF. *Dezadan ,*   que je sois, que j'aie, etc.
PASSÉ. *Nian ,*   j'avais, je l'avais, etc.
PRÉSENT. *Dut ,*   j'ai, je l'ai, etc.
FUTUR. *Dukel ,*   j'aurai, je l'aurai, etc.

Duta ,   est-ce que j'ai, ou je l'ai ? etc.
Nina ,   est-ce que j'avais ? etc.
Duketa ,   est-ce que j'aurai ? etc.
Nakia ,   est-ce que j'aurais ? etc.

Dudala,	que j'ai, que je l'ai, etc.
Niala,	que j'avais ou l'avais, etc.
Dukedala,	que j'aurai, je l'aurai, etc.
Nukiala,	que j'aurais, je l'aurais, etc.
Dudalarik,	tandis que j'ai, que je l'ai, etc.
Nialarik,	tandis que j'avais, je l'avais, etc.
Dukedalarik,	tandis que j'aurai, je l'aurai, etc.
Nukialarik,	tandis que j'aurais, je l'aurais, etc.
Dudalakoz,	parce que j'ai, que je l'ai, etc.
Nialakoz,	parce que j'avais, que je l'avais, etc.
Dukedalakoz,	parce que j'aurai, que je l'aurai, etc.
Nukialakoz,	parce que j'aurais, je l'aurais, etc.

Si la conjugaison de la forme verbale *Niz* étale une profusion de richesses inconnues à toutes les autres langues humaines, celle de la forme *Dut* est plus merveilleuse encore; elle marque les diverses relations des personnes avec la même exactitude et la même régularité que la première, et combine en outre dans sa contexture syllabique jusqu'à l'expression de deux régimes; la perfection idéale, spéculative ne peut aller au-delà : Dieu lui-même, parlant aux hommes, ne saurait employer un verbe plus féerique.

Dut,	j'ai, je l'ai.
Dit,	j'ai, je l'ai (vous singulier).
Diñat,	j'ai, je l'ai (toi féminin).
Diat,	j'ai, je l'ai (toi masculin).
Dudala,	que j'ai.
Dudalarik,	tandis que j'ai.
Dudalakoz,	parce que j'ai.
Zutut,	je vous ai (vous singulier)
Zutudala,	que je vous ai.
Zutudalarik,	tandis que je vous ai.
Zutudalakoz,	parce que je vous ai.
Zutiet,	je vous ai (vous pluriel)
Zutiedala,	que je vous ai.
Zutiedalarik,	tandis que je vous ai.
Zutiedalakoz,	parce que je vous ai.

Hait,	je t'ai, tu es à moi.
Haïdala,	que tu es à moi.
Haïdalarik,	tandis que je t'ai.
Haïdalakoz,	parce que je t'ai.
Dutut,	je les ai.
Ditit,	je les ai (vous singulier).
Ditiñat,	je les ai (toi féminin).
Ditiat,	je les ai (toi masculin).
Deïzut,	je vous l'ai (vous singulier).
Deïzudala,	que je vous l'ai.
Deïzudalarik,	tandis que je vous l'ai.
Deïzudalakoz,	parce que je vous l'ai.
Deïtzut,	je vous les ai.
Deïtzudala,	que je vous les ai.
Deïtzudalarik,	tandis que je vous les ai.
Deïtzudalakoz,	parce que je vous les ai.
Deñat,	je te l'ai (toi féminin).
Deñadala,	que je te l'ai.
Deñadalarik,	tandis que je te l'ai.
Deñadalakoz,	parce que je te l'ai.
Deïtzañat,	je te les ai.
Deïtzañadala,	que je te les ai.
Deïtzañadalarik,	tandis que je te les ai.
Deïtzañadalakoz,	parce que je te les ai.
Deïat,	je te l'ai (toi masculin).
Deïadala,	que je te l'ai
Deïadalarik,	tandis que je te l'ai.
Deïadalakoz,	parce que je te l'ai.
Deïtzat,	je te les ai.
Deïtzadala,	que je te les ai.
Deïtzadalarik,	tandis que je te les ai.
Deïtzadalakoz,	parce que je te les ai.
Deïot,	je le lui ai.
Diozut,	je le lui ai (vous singulier).
Dioñat,	je le lui ai (toi féminin).
Dioïat,	je le lui ai (toi masculin).
Deïodala,	que je le lui ai.
Deïodalarik,	tandis que je le lui ai.
Deïodalakoz,	parce que je le lui ai.

Deïtzot,	je les lui ai.
Diotzut,	je les lui ai (vous singulier).
Diotzañat,	je les lui ai (toi féminin).
Diotzat,	je les lui ai (toi masculin).
Deïtzodala,	que je les lui ai.
Deïtzodalarik,	tandis que je les lui ai.
Deïtzodalakoz,	parce que je les lui ai.
Deïet,	je le leur ai.
Diezut,	je le leur ai (vous singulier).
Dieñat,	je le leur ai (toi féminin).
Dietat,	je le leur ai (toi masculin).
Deïedala,	que je le leur ai.
Deïedalarik,	tandis que je le leur ai.
Deïedalakoz,	parce que je le leur ai.
Deïtzet,	je les leur ai.
Dietzut,	je les leur ai (vous singulier).
Deïtzeñat,	je les leur ai (toi féminin).
Ditzetat,	je les leur ai (toi masculin).
Deïtzedala,	que je les leur ai.
Deïtzedalarik,	tandis que je les leur ai.
Deïtzedalokoz,	parce que je les leur ai.
Duzu,	vous avez (vous singulier).
Duzula,	que vous avez.
Duzularik,	tandis que vous avez.
Duzalakoz,	parce que vous avez.
Dun,	tu as (toi féminin).
Diñala,	que tu as.
Diñalarik,	tandis que tu as.
Diñalakoz,	parce que tu as.
Duk,	tu as (toi masculin).
Diala,	que tu as.
Dialarik,	tandis que tu as.
Dialakoz,	parce que tu as.
Dutuzu,	vous les avez (vous singulier).
Dutuzula,	que vous les avez.
Dutuzularik,	tandis que vous les avez.
Dutuzulakoz,	parce que vous les avez.

Dutan,   tu les as (toi féminin).
Dutiñala,   que tu les as.
Dutiñalarik,   tandis que tu les as.
Dutiñalakoz,   parce que tu les as.

Dutuk,   tu les as (toi masculin.)
Dutiala,   que tu les as.
Dutialarik,   tandis que tu les as.
Dutialakoz,   parce que tu les as.

Deitazut,   vous me l'avez (vous singulier)
Deitazula,   que vous me l'avez.
Deitazularik,   tandis que vous me l'avez
Deitazulakoz,   parce que vous me l'avez.

Deiztazut,   vous me les avez.
Deiztazula,   que vous me les avez.
Deiztazularik,   tandis que vous me les avez.
Deiztazulakoz,   parce que vous me les avez.

Deitan,   tu me l'as (toi féminin).
Deitañala,   que tu me l'as
Deitañalarik,   tandis que tu me l'as.
Deitañalakoz,   parce que tu me l'as.

Deiztan,   tu me les as.
Deiztañala,   que tu me les as.
Deiztañalarik,   tandis que tu me les as.
Deiztañalakoz,   parce que tu me les as.

Deitak,   tu me l'as (toi masculin).
Deitaiala,   que tu me l'as.
Deitaialarik,   tandis que que tu me l'as.
Deitaialakoz,   parce que tu me l'as.

Deiztak,   tu me les as (toi masculin).
Deiztaiala,   que tu me les as.
Deiztaialarik,   tandis que tu me les as.
Deiztaialakoz,   parce que tu me les as.

Deikuzu,   vous nous l'avez (vous singulier).
Deikuzula,   que vous nous l'avez.
Deikuzularik,   tandis que vous nous l'avez.
Deikuzulakoz,   parce que vous nous l'avez.

Deikun,   tu nous l'as (toi féminin)
Deikuñala,   que tu nous l'as.

Deïkuñalarik,	tandis que tu nous l'as.
Deïkuñalakoz,	parce que tu nous l'as.
Deïkuk,	tu nous l'as (toi masculin).
Deïkuñala,	que tu nous l'as.
Deïkuñalarik,	tandis que tu nous l'as.
Deïkuñalakoz,	parce que tu nous l'as.
Deïzkutzu,	vous nous les avez (vous singulier).
Deïzkutzula,	que vous nous les avez.
Deïzkutzularik,	tandis que vous nous les avez.
Deïzkutzulakoz,	parce que vous nous les avez.
Deïzkun,	tu nous les as (toi féminin).
Deïzkuñala,	que tu nous les as.
Deïzkuñalarik,	tandis que tu nous les as.
Deïzkuñalakoz,	parce que tu nous les as.
Deïzkuk,	tu nous les as (toi masculin).
Deïzkiala,	que tu nous les as.
Deïzkialarik,	tandis que tu nous les as.
Deïzkialakoz,	parce que tu nous les as.
Derozu,	vous le lui avez (vous singulier).
Derozula,	que vous le lui avez.
Derozularik,	tandis que vous le lui avez.
Derozulakoz,	parce que vous le lui avez.
Deron,	tu le lui as (toi féminin).
Deroñala,	que tu le lui as.
Deroñalarik,	tandis que tu le lui as.
Deroñalakoz,	parce que tu le lui as.
Derok,	tu le lui as (toi masculin).
Derouala,	que tu le lui as.
Deroualarik,	tandis que tu le lui as.
Deroualakoz,	parce que tu le lui as.
Derotzu,	vous les lui avez (vous singulier).
Derotzula,	que vous les lui avez.
Derotzularik,	tandis que vous les lui avez.
Derotzulakoz,	parce que vous les lui avez.
Deïtzon,	tu les lui as (toi féminin).
Deïtzoñala,	que tu les lui as.
Deïtzoñalarik,	tandis que tu les lui as.
Deïtzoñalakoz,	parce que tu les lui as.

Deitzok,   tu les lui as (toi masculin).
Deitzouala,   que tu les lui as.
Deitzoualarik,   tandis que tu les lui as.
Deitzoualakoz,   parce que tu les lui as.

Derezu,   vous le leur avez (vous singulier).
Derezula,   que vous le leur avez.
Derezularik,   tandis que vous le leur avez.
Derezulakoz,   parce que vous le leur avez.

Deren,   tu le leur as (toi féminin).
Dereñala,   que tu le leur as.
Dereñalarik,   tandis que tu le leur as.
Dereñalakoz,   parce que tu le leur as.

Derek,   tu le leur as (toi masculin).
Dereiala,   que tu le leur as.
Dereialarik,   tandis que tu le leur as.
Dereialakoz,   parce que tu le leur as.

Deretzu,   vous les leur avez (vous singulier).
Deretzula,   que vous les leur avez.
Deretzularik,   tandis que vous les leur avez.
Deretzulakoz,   parce que vous les leur avez.

Deitzen,   tu les leur as (toi féminin).
Deitzeñala,   que tu les leur as.
Deitzeñalarik,   tandis que tu les leur as.
Deitzeñalakoz,   parce que tu les leur as.

Deretzek,   tu les leur as (toi masculin).
Deretzeiala,   que tu les leur as.
Deretzeialarik,   tandis que tu les leur as.
Deretzeialakoz,   parce que tu les leur as.

Du,   il a, il l'a.
Dizu,   il a (vous singulier).
Din,   il a (toi féminin).
Dik,   il a (toi masculin).

Diala,   qu'il a.
Dialarik,   tandis qu'il a.
Dialakoz,   parce qu'il a.

Nai,   il m'a.
Nizu,   il m'a (vous singulier).

Nin ,	il m'a (toi féminin)
Nik ,	il m'a (toi masculin).
Naïala ,	qu'il m'a
Naïalarik ,	tandis qu'il m'a.
Naïalakoz ,	parce qu'il m'a.
Zutu ,	il vous a (vous singulier).
Zutiala ,	qu'il vous a.
Zutialarik ,	tandis qu'il vous a.
Zutialakoz ,	parce qu'il vous a.
Zutie ,	il vous a (vous pluriel).
Zutiela ,	qu'il vous a.
Zutielarik ,	tandis qu'il vous a.
Zutielakoz ,	parce qu'il vous a
Haï ,	il t'a.
Haïala ,	qu'il t'a.
Haïalarik ,	tandis qu'il t'a.
Haïalakoz ,	parce qu'il t'a.
Gutu ,	il nous a.
Ghitizu ,	il nous a (vous singulier).
Ghitik ,	il nous a (toi masculin).
Ghitin ,	il nous a (toi féminin).
Gutiala ,	qu'il nous a.
Gutialarik ,	tandis qu'il nous a.
Gutialakoz ,	parce qu'il nous a.
Dutu ,	il les a.
Dilizu ,	il les a (vous singulier).
Ditin ,	il les a (toi féminin).
Ditik ,	il les a (toi masculin).
Dutiala ,	qu'il les a.
Dutialarik ,	tandis qu'il les a.
Dutialakoz ,	parce qu'il les a.
Deït ,	il me l'a.
Dilazu ,	il me l'a (vous singulier).
Ditan ,	il me l'a (toi féminin.)
Dilak ,	il me l'a (toi masculin).
Deïtala ,	qu'il me l'a.
Deïtalarik ,	tandis qu'il me l'a.
Deïtalakoz ,	parce qu'il me l'a.

Deizi,	il me les a.
Diztatzu,	il me les a (vous singulier).
Diztan,	il me les a (toi féminin).
Diztak,	il me les a (toi masculin).
Deiztala,	qu'il me les a.
Deiztalarik,	tandis qu'il me les a.
Deiztalakoz,	parce qu'il me les a.
Deizu,	il vous l'a (vous singulier).
Deizula,	qu'il vous l'a.
Deizularik,	tandis qu'il vous l'a.
Deizulakoz,	parce qu'il vous l'a.
Deitzu,	il vous les a.
Deitzula,	qu'il vous les a.
Deitzularik,	tandis qu'il vous les a.
Deitzulakoz,	parce qu'il vous les a.
Deizie,	il vous l'a (vous pluriel).
Deiziela,	qu'il vous l'a.
Deizielarik,	tandis qu'il vous l'a.
Deizielakoz,	parce qu'il vous l'a.
Deitzie,	il vous les a.
Deitziela,	qu'il vous les a.
Deitzielarik,	tandis qu'il vous les a.
Deitzielakoz,	parce qu'il vous les a.
Deiñ,	il te l'a (toi féminin).
Deñala,	qu'il te l'a.
Deñalarik,	tandis qu'il te l'a.
Deñalakoz,	parce qu'il te l'a.
Deitzan,	il te les a.
Deitzañala,	qu'il te les a.
Deitzañalarik,	tandis qu'il te les a.
Deitzañalakoz,	parce qu'il te les a.
Deik,	il te l'a (toi masculin).
Deiala,	qu'il te l'a.
Deialarik,	tandis qu'il te l'a.
Deialakoz,	parce qu'il te l'a.
Deitzak,	il te les a.
Deitzala,	qu'il te les a.

Deitzalarik ,	tandis qu'il te les a
Deitzalakoz ,	parce qu'il te les a.
Deiku ,	il nous l'a.
Dikuzu ,	il nous l'a (vous singulier).
Dikun ,	il nous l'a (toi féminin),
Dikuk ,	il nous l'a (toi masculin).
Deikula ,	qu'il nous l'a.
Deikularik ,	tandis qu'il nous l'a.
Deikulakoz ,	parce qu'il nous l'a.
Deizku ,	il nous les a.
Dizkutzu ,	il nous les a (vous singulier).
Dizkun ,	il nous les a (toi féminin).
Dizkak ,	il nous les a (toi masculin).
Deizkula ,	qu'il nous les a.
Deizkularik ,	tandis qu'il nous les a.
Deizkulakoz ,	parce qu'il nous les a.
Deio ,	il le lui a.
Diozu ,	il le lui a (vous singulier).
Dion ,	il le lui a (toi féminin).
Diok ,	il le lui a (toi masculin).
Deiola ,	qu'il le lui a.
Deiolarik ,	tandis qu'il le lui a.
Deiolakoz ,	parce qu'il le lui a.
Deitzo ,	il les lui a.
Diotzu ,	il les lui a (vous singulier).
Ditzon ,	il les lui a (toi féminin).
Ditzok ,	il les lui a toi (masculin).
Deitzola ,	qu'il les lui a.
Deitzolarik ,	tandis qu'il les lui a.
Deitzolakoz ,	parce qu'il les lui a.
Dere ,	il le leur a.
Diezu ,	il le leur a (vous singulier)
Dien ,	il le leur a (toi féminin).
Diek ,	il le leur a (toi masculin)
Derela ,	qu'il le leur a.
Derelarik ,	tandis qu'il le leur a.
Derelakoz ,	parce qu'il le leur a.

Deïtze,   il les leur a.
Dietza,   il les leur a (vous singulier).
Ditzen,   il les leur a (toi féminin).
Ditzek,   il les leur a (toi masculin).

Deïtzela,   qu'il les leur a.
Deïtzelarik,   tandis qu'il les leur a.
Deïtzelakoz,   parce qu'il les leur a.

Dugu,   nous avons.
Dizugu,   nous avons (vous singulier).
Diñagu,   nous avons (toi féminin).
Diagu,   nous avons (toi masculin).

Dugula,   que nous avons.
Dugularik,   tandis que nous avons.
Dugulakoz,   parce que nous avons.

Zutugu,   nous vous avons (vous singulier).
Zutugula,   que nous vous avons.
Zutugularik,   tandis que nous vous avons.
Zutugulakoz,   parce que nous vous avons.

Zutiegu,   nous vous avons (vous pluriel).
Zutiegula,   que nous vous avons.
Zutiegularik,   tandis que nous vous avons.
Zutiegulakoz,   parce que nous vous avons.

Haïgu,   nous t'avons.
Haïgula,   que nous t'avons.
Haïgularik,   tandis que nous t'avons.
Haïgulakoz,   parce que nous t'avons.

Dutugu,   nous les avons.
Ditizugu,   nous les avons (vous singulier).
Ditiñagu,   nous les avons (toi féminin).
Ditiagu,   nous les avons (toi masculin).

Deizugu,   nous vous l'avons (vous singulier).
Deizugula,   que nous vous l'avons.
Deizugularik,   tandis que nous vous l'avons.
Deizugulakoz,   parce que nous vous l'avons.

Deïtzugu,   nous vous les avons.
Deïtzugula,   que nous vous les avons.
Deïtzugularik,   tandis que nous vous les avons.
Deïtzugulakoz,   parce que nous vous les avons.

Deñagu,	nous te l'avons (toi féminin).
Deñagula,	que nous te l'avons.
Deñagularik,	tandis que nous te l'avons.
Deñagulakoz,	parce que nous te l'avons.
Deïtzañagu,	nous te les avons.
Deïtzañagula,	que nous te les avons.
Deïtzañagularik,	tandis que nous te les avons.
Deïtzañagulakoz,	parce que nous te les avons.
Deïagu,	nous te l'avons (toi masculin).
Deïagula,	que nous te l'avons.
Deïagularik,	tandis que nous te l'avons.
Deïagulakoz,	parce que nous te l'avons.
Deïtzagu,	nous te les avons.
Deïtzagula,	que nous te les avons.
Deïtzagularik,	tandis que nous te les avons.
Deïtzagulakoz,	parce que nous te les avons.
Deïogu,	nous le lui avons.
Diozugu,	nous le lui avons (vous singulier).
Dioñagu,	nous le lui avons (toi féminin).
Diouagu,	nous le lui avons (toi masculin).
Deïogula,	que nous le lui avons.
Deïogularik,	tandis que nous le lui avons.
Deïogulakoz,	parce que nous le lui avons.
Deïtzogu,	nous les lui avons.
Diotzugu,	nous les lui avons (vous singulier).
Ditzoñagu,	nous les lui avons (toi féminin).
Diotzagu,	nous les lui avons (toi masculin).
Deïtzogula,	que nous les lui avons.
Deïtzogularik,	tandis que nous les lui avons.
Deïtzogulakoz,	parce que nous les lui avons.
Deïziegu,	nous vous l'avons (vous pluriel).
Deïziegula,	que nous vous l'avons.
Deïziegularik,	tandis que nous vous l'avons.
Deïziegulakoz,	parce que nous vous l'avons.
Deïtziegu,	nous vous les avons.
Deïtziegula,	que nous vous les avons.
Deïtziegularik,	tandis que nous vous les avons.
Deïtziegulakoz,	parce que nous vous les avons.

Deïegu,	nous le leur avons.
Diezugu,	nous le leur avons (vous singulier).
Dieñagu,	nous le leur avons (toi féminin).
Dieïagu,	nous le leur avons (toi masculin).
Deïegula,	que nous le leur avons.
Deïegularik,	tandis que nous le leur avons.
Deïegulakoz,	parce que nous le leur avons.
Deïtzegu,	nous les leur avons.
Dietzugu,	nous les leur avons (vous singulier).
Ditzeñagu,	nous les leur avons (toi féminin).
Ditzeïagu,	nous les leur avons (toi masculin).
Deïtzegula,	que nous les leur avons.
Deïtzegularik,	tandis que nous les leur avons.
Deïtzegulakoz,	parce que nous les leur avons.
Duzie,	vous avez, vous l'avez (vous pluriel).
Duziela,	que vous avez.
Duzielarik,	tandis que vous avez.
Duzielakoz,	parce que vous avez.
Dutuzie,	vous les avez.
Dutuziela,	que vous les avez.
Dutuzielarik,	tandis que vous les avez.
Dutuzielakoz,	parce que vous les avez.
Deïtaziet,	vous me l'avez.
Deïtaziela,	que vous me l'avez.
Deïtazielarik,	tandis que vous me l'avez.
Deïtazielakoz,	parce que vous me l'avez.
Deïztatziet,	vous me les avez.
Deïztatziela,	que vous me les avez.
Deïztatzielarik,	tandis que vous me les avez.
Deïtzatzielakoz,	parce que vous me les avez.
Deïkuzie,	vous nous l'avez.
Deïkuziela,	que vous nous l'avez.
Deïkuzielarik,	tandis que vous nous l'avez.
Deïkuzielakoz,	parce que vous nous l'avez.
Deïzkutzie,	vous nous les avez.
Deïzkutziela,	que vous nous les avez.
Deïzkutzielarik,	tandis que vous nous les avez.
Deïzkutzielakoz,	parce que vous nous les avez.

Derozie,	vous le lui avez.
Deroziela,	que vous le lui avez.
Derozielarik,	tandis que vous le lui avez.
Derozielakoz,	parce que vous le lui avez.
Derotzie,	vous les lui avez.
Derotziela,	que vous les lui avez.
Derotzielarik,	tandis que vous les lui avez.
Derotzielakoz,	parce que vous les lui avez.
Derezie,	vous le leur avez.
Dereziela,	que vous le leur avez.
Derezielarik,	tandis que vous le leur avez.
Derezielakoz,	parce que vous le leur avez.
Deretzie,	vous les leur avez.
Deretziela,	que vous les leur avez.
Deretzielarik,	tandis que vous les leur avez.
Deretzielakoz,	parce que vous les leur avez.
Die,	ils ont.
Dizie,	ils ont (vous singulier).
Diñe,	ils ont (toi féminin).
Diek,	ils ont (toi masculin).
Diela,	qu'ils ont.
Dielarik,	tandis qu'ils ont.
Dielakoz,	parce qu'ils ont.
Naie,	ils m'ont.
Nizie,	ils m'ont (vous singulier).
Niñe,	ils m'ont (toi féminin).
Niek,	ils m'ont (toi masculin).
Naiela,	qu'ils m'ont.
Naielarik,	tandis qu'ils m'ont.
Naielakoz,	parce qu'ils m'ont.
Zutie,	ils vous ont.
Zutiela,	qu'ils vous ont.
Zutielarik,	tandis qu'ils vous ont.
Zutielakoz,	parce qu'ils vous ont ?
Haie,	ils t'ont.
Haiela,	qu'ils t'ont.
Haielarik,	tandis qu'ils t'ont.
Haielakoz,	parce qu'ils t'ont.

Gutie,	ils nous ont.
Ghitizie,	ils nous ont (vous singulier).
Ghitiñe,	ils nous ont (toi féminin).
Ghitiek,	ils nous ont (toi masculin).
Gutiela,	qu'ils nous ont.
Gutielarik,	tandis qu'ils nous ont.
Gutielakoz,	parce qu'ils nous ont.
Dutie,	ils les ont.
Ditizie,	ils les ont (vous singulier).
Ditiñe,	ils les ont (toi féminin).
Ditiek,	ils les ont (toi masculin).
Dutiela,	qu'ils les ont.
Dutielarik,	tandis qu'ils les ont.
Dutielakoz,	parce qu'ils les ont.
Deitade,	ils me l'ont.
Ditazie,	ils me l'ont (vous singulier).
Ditañe,	ils me l'ont (toi féminin).
Ditaiek,	ils me l'ont (toi masculin).
Deitaiela,	qu'ils me l'ont.
Deitaielarik,	tandis qu'ils me l'ont.
Deitaielakoz,	parce qu'ils me l'ont.
Deiztaie,	ils me les ont.
Diztatzie,	ils me les ont (vous singulier).
Diztañe,	ils me les ont (toi féminin).
Diztaiek,	ils me les ont (toi masculin).
Deiztaiela,	qu'ils me les ont.
Deiztaielarik,	tandis qu'ils me les ont.
Deiztaielakoz,	parce qu'ils me les ont.
Deizie,	ils vous l'ont.
Deiziela,	qu'ils vous l'ont.
Deizielarik,	tandis qu'ils vous l'ont.
Deizielakoz,	parce qu'ils vous l'ont.
Deitzie,	ils vous les ont.
Deitziela,	qu'ils vous les ont.
Deitzielarik,	tandis qu'ils vous les ont.
Deitzielakoz,	parce qu'ils vous les ont
Deñe,	ils te l'ont (toi féminin).
Deñela,	qu'ils te l'ont

COLLECTION ANTOINE D'ABBADIE — BIBLIOTHÈQUE NATIONALE — ACADÉMIE DES SCIENCES

13

Deñelarik,	tandis qu'ils te l'ont.
Deñelakoz,	parce qu'ils te l'ont.
Deitzañe,	ils te les ont.
Deitzañela,	qu'ils te les ont.
Deitzañelarik,	tandis qu'ils te les ont.
Deitzañelakoz,	parce qu'ils te les ont.
Deaie,	ils te l'ont (toi masculin).
Deaiela,	qu'ils te l'ont.
Deaielarik,	tandis qu'ils te l'ont.
Deaielakoz,	parce qu'ils te l'ont.
Deitzaie,	ils te les ont.
Deitzaiela,	qu'ils te les ont.
Deitzaielarik,	tandis qu'ils te les ont.
Deitzaielakoz,	parce qu'ils te les ont.
Deikie,	ils nous l'ont.
Dikuzie,	ils nous l'ont (vous singulier).
Dikiñe,	ils nous l'ont (toi féminin).
Dikuiek,	ils nous l'ont (toi masculin).
Deikiela,	qu'ils nous l'ont.
Deikielarik,	tandis qu'ils nous l'ont.
Deikielakoz,	parce qu'ils nous l'ont.
Deizkie,	ils nous les ont.
Dizkutzie,	ils nous les ont (vous singulier).
Dizkiñe,	ils nous les ont (toi féminin).
Dizkiek,	ils nous les ont (toi masculin).
Deizkiela,	qu'ils nous les ont.
Deizkielarik,	tandis qu'ils nous les ont.
Deizkielakoz,	parce qu'ils nous les ont.
Deioue,	ils le lui ont.
Diouezu,	ils le lui ont (vous singulier).
Dioñe,	ils le lui ont (toi féminin).
Diouek,	ils le lui ont (toi masculin).
Deiela,	qu'ils le lui ont.
Deielarik,	tandis qu'ils le lui ont.
Deielakoz,	parce qu'ils le lui ont.
Diotze,	ils les lui ont.
Diotetzu,	ils les lui ont (vous singulier).

Diotzañe,	ils les lui ont (toi féminin).
Diotzek,	ils les lui ont (toi masculin).
Diotzela,	qu'ils les lui ont.
Diotzelarik,	tandis qu'ils les lui ont.
Diotzelakoz,	parce qu'ils les lui ont.
Derete,	ils le leur ont.
Diriezu,	ils le leur ont (vous singulier).
Dirien,	ils le leur ont (toi féminin).
Diriek,	ils le leur ont (toi masculin).
Deretela,	qu'ils le leur ont.
Deretelarik,	tandis qu'ils le leur ont.
Deretelakoz,	parce qu'ils le leur ont.
Dirieitze,	ils les leur ont.
Dirieitzezu,	ils les leur ont (vous singulier).
Dirieitzen,	ils les leur ont (toi féminin).
Dirieitzek,	ils les leur ont (toi masculin).
Dirieitzela,	qu'ils les leur ont.
Dirieitzelarik,	tandis qu'ils les leur ont.
Dirieitzelakoz,	parce qu'ils les leur ont.

PASSÉ.

Nian,	j'avais, je l'avais.
Nizun,	j'avais, je l'avais (vous singulier).
Niña,	j'avais (toi féminin).
Nia,	j'avais (toi masculin).
Niala,	que j'avais.
Nialarik,	tandis que j'avais.
Nialakoz,	parce que j'avais.
Zuntudan,	je vous avais (vous singulier).
Zuntudala,	que je vous avais.
Zuntudalarik,	tandis que je vous avais.
Zuntudalakoz,	parce que je vous avais.
Zuntiedan,	je vous avais (vous pluriel).
Zuntiedala,	que je vous avais.
Zuntiedalarik,	tandis que je vous avais.
Zuntiedalakoz,	parce que je vous avais.
Hundudan,	je t'avais.
Hundudala,	que je t'avais.

Hundudalarik,	tandis que je t'avais.
Hundudalakoz,	parce que je t'avais.
Nutian,	je les avais.
Nitizun,	je les avais (vous singulier).
Nutiña,	je les avais (toi féminin).
Nutia,	je les avais (toi masculin).
Nutiala,	que je les avais.
Nutialarik,	tandis que je les avais.
Nutialakoz,	parce que je les avais.
Neizun,	je vous l'avais (vous singulier).
Neizula,	que je vous l'avais.
Neizularik,	tandis que je vous l'avais.
Neizulakoz,	parce que je vous l'avais.
Neïtzun,	je vous les avais.
Neïtzula,	que je vous les avais.
Neïtzularik,	tandis que je vous les avais.
Neïtzulakoz,	parce que je vous les avais.
Neña,	je te l'avais (toi féminin).
Neñala,	que je te l'avais.
Neñalarik,	tandis que je te l'avais.
Neñalakoz,	parce que je te l'avais.
Neïtzaña,	je te les avais.
Neïtzañala,	que je te les avais.
Neïtzañalarik,	tandis que je te les avais.
Neïtzañalakoz,	parce que je te les avais.
Neïa,	je te l'avais (toi masculin).
Neïala,	que je te l'avais.
Neïalarik,	tandis que je te l'avais.
Neïalakoz,	parce que je te l'avais.
Neïtza,	je te les avais.
Neïtzala,	que je te les avais.
Neïtzalarik,	tandis que je te les avais.
Neïtzalakoz,	parce que je te les avais.
Nelon,	je le lui avais.
Niozun,	je le lui avais (vous singulier).
Nioña,	je le lui avais (toi féminin).
Niola,	je le lui avais (toi masculin).

Neiola,	que je le lui avais.
Neiolarik,	tandis que je le lui avais.
Neiolakoz,	parce que je le lui avais.
Neitzon,	je les lui avais.
Niotzun,	je les lui avais (vous singulier).
Niotzaña,	je les lui avais (toi féminin).
Niotza,	je les lui avais (toi masculin).
Neitzola,	que je les lui avais.
Neitzolarik,	tandis que je les lui avais.
Neitzolakoz,	parce que je les lui avais.
Neizien,	je vous l'avais (vous pluriel).
Neiziela,	que je vous l'avais.
Neizielarik,	tandis que je vous l'avais.
Neizielakoz,	parce que je vous l'avais.
Neitzien,	je vous les avais.
Neitziela,	que je vous les avais.
Neitzielarik,	tandis que je vous les avais.
Neitzielakoz,	parce que je vous les avais.
Neien,	je le leur avais.
Niezun,	je le leur avais (vous singulier).
Nieña,	je le leur avais (toi féminin).
Niela,	je le leur avais (toi masculin).
Neiela,	que je le leur avais.
Neielarik,	tandis que je le leur avais.
Neielakoz,	parce que je le leur avais.
Neitzen,	je les leur avais.
Nietzun,	je les leur avais (vous singulier).
Nietzeña,	je les leur avais (toi féminin).
Nietzela,	je les leur avais (toi masculin).
Neitzela,	que je les leur avais.
Neitzelarik,	tandis que je les leur avais.
Neitzelakoz,	parce que je les leur avais.
Zunian,	vous aviez, vous l'aviez (vous singulier).
Zunila,	que vous aviez.
Zunilarik,	tandis que vous aviez.
Zunilakoz,	parce que vous aviez.
Hian,	tu avais.
Hiala,	que tu avais.

Hialarik,   tandis que tu avais.
Hialakoz,   parce que tu avais.

Zuntian,   vous les aviez (vous singulier).
Zuntiala,   que vous les aviez.
Zuntialarik,   tandis que vous les aviez.
Zuntialakoz,   parce que vous les aviez.

Hutian,   tu les avais.
Hutiala,   que tu les avais.
Hutialarik,   tandis que tu les avais.
Hutialakoz,   parce que tu les avais

Zeneïtan,   vous me l'aviez (vous singulier).
Zeneïtazula,   que vous me l'aviez.
Zeneïtazularik,   tandis que vous me l'aviez.
Zeneïtazulakoz,   parce que vous me l'aviez.

Zeneïztan,   vous me les aviez.
Zeneïztazula,   que vous me les aviez.
Zeneïztazularik,   tandis que vous me les aviez.
Zeneïztazulakoz,   parce que vous me les aviez.

Heïtan,   tu me l'avais.
Heïtañala,   que tu me l'avais (toi féminin.)
Heïtañalarik,   tandis que tu me l'avais.
Heïtañalakoz,   parce que tu me l'avais.

Heïztan,   tu me les avais.
Heïztañala,   que tu me les avais (toi féminin).
Heïztañalarik,   tandis que tu me les avais.
Heïztañalakoz,   parce que tu me les avais.

Heïtala,   que tu me l'avais (toi masculin).
Heïtalarik,   tandis que tu me l'avais.
Heïtalakoz,   parce que tu me l'avais.

Heïztala,   que tu me les avais (toi masculin).
Heïztalarik,   tandis que tu me les avais.
Heïztalakoz,   parce que tu me les avais.

Zeneïkun,   vous nous l'aviez (vous singulier).
Zeneïkuzula,   que vous nous l'aviez.
Zeneïkuzularik,   tandis que vous nous l'aviez.
Zeneïkuzulakoz,   parce que vous nous l'aviez.

Heïkun,   tu nous l'avais.
Heïkuñala,   que tu nous l'avais (toi féminin).

Heïkuñalarik ,   tandis que tu nous l'avais.
Heïkuñalakoz ,   parce que tu nous l'avais.

Heïkula ,   que tu nous l'avais (toi masculin).
Heïkularik ,   tandis que tu nous l'avais.
Heïkulakoz ,   parce que tu nous l'avais.

Zeneïzkun ,   vous nous les aviez (vous singulier).
Zeneïzkutzula ,   que vous nous les aviez.
Zeneïzkutzularik ,   tandis que vous nous les aviez.
Zeneïzkutzulakoz ,   parce que vous nous les aviez.

Heïzkun ,   tu nous les avais.
Heïzkuñala ,   que tu nous les avais (toi féminin).
Heïzkuñalarik ,   tandis que tu nous les avais.
Heïzkuñalakoz ,   parce que tu nous les avais.

Heïzkulala ,   que tu nous les avais (toi masculin).
Heïzkulalarik ,   tandis que tu nous les avais.
Heïzkulalakoz ,   parce que tu nous les avais.

Zeneïon ,   vous le lui aviez (vous singulier).
Zeneïola ,   que vous le lui aviez.
Zeneïolarik ,   tandis que vous le lui aviez.
Zeneïolakoz ,   parce que vous le lui aviez.

Heïon ,   tu le lui avais.
Heïola ,   que tu le lui avais.
Heïolarik ,   tandis que tu le lui avais.
Heïolakoz ,   parce que tu le lui avais.

Zeneïtzon ,   vous les lui aviez (vous singulier).
Zeneïtzola ,   que vous les lui aviez.
Zeneïtzolarik ,   tandis que vous les lui aviez.
Zeneïtzolakoz ,   parce que vous les lui aviez.

Heïtzon ,   tu les lui avais.
Heïtzoñala ,   que tu les lui avais (toi féminin).
Heïtzoñalarik ,   tandis que tu les lui avais.
Heïtzoñalakoz ,   parce que tu les lui avais.

Heïtzola ,   que tu les lui avais (toi masculin).
Heïtzolarik ,   tandis que tu les lui avais.
Heïtzolakoz ,   parce que tu les lui avais.

Zeneïen ,   vous le leur aviez (vous singulier).
Zeneïela ,   que vous le leur aviez.

Zenetelarik ,	tandis que vous le leur aviez.
Zenetelakoz ,	parce que vous le leur aviez.
Heien ,	tu le leur avais.
Heiela ,	que tu le leur avais.
Heielarik ,	tandis que tu le leur avais.
Heielakoz ,	parce que tu le leur avais.
Zeneitzen ,	vous les leur aviez (vous singulier).
Zeneitzela ,	que vous les leur aviez.
Zeneitzelarik ,	tandis que vous les leur aviez.
Zeneitzelakoz ,	parce que vous les leur aviez.
Heitzen ,	tu les leur avais.
Heitzeñala ,	que tu les leur avais (toi féminin).
Heitzeñalarik ,	tandis que tu les leur avais.
Heitzeñalakoz ,	parce que tu les leur avais.
Heitzeiela ,	que tu les leur avais (toi masculin).
Heitzeielarik ,	tandis que tu les leur avais.
Heitzeielakoz ,	parce que tu les leur avais.
Zian ,	il avait, il l'avait.
Zizun ,	il avait (vous singulier).
Ziña ,	il avait (toi féminin).
Zia ,	il avait (toi masculin).
Ziala ,	qu'il avait.
Zialarik ,	tandis qu'il avait.
Zialakoz ,	parce qu'il avait.
Nundian ,	il m'avait.
Nindizun ,	il m'avait (vous singulier).
Nundiña ,	il m'avait (toi féminin).
Nundia ,	il m'avait (toi masculin).
Nundiala ,	qu'il m'avait.
Nundialarik ,	tandis qu'il m'avait.
Nundialakoz ,	parce qu'il m'avait.
Zuntian ,	il vous avait (vous singulier).
Zuntiala ,	qu'il vous avait.
Zuntialarik ,	tandis qu'il vous avait.
Zuntialakoz ,	parce qu'il vous avait.
Zuntien ,	il vous avait (vous pluriel).
Zuntiela ,	qu'il vous avait.

Zuntielarik,	tandis qu'il vous avait
Zuntielakoz,	parce qu'il vous avait.
Hundian,	il t'avait.
Hundiala,	qu'il t'avait.
Hundialarik,	tandis qu'il t'avait.
Hundialakoz,	parce qu'il t'avait.
Guntian,	il nous avait.
Ghintizun,	il nous avait (vous singulier).
Guntiña,	il nous avait (toi féminin).
Guntia,	il nous avait (toi masculin).
Guntiala,	qu'il nous avait.
Guntialarik,	tandis qu'il nous avait.
Guntialakoz,	parce qu'il nous avait.
Zutian,	il les avait.
Zitizun,	il les avait (vous singulier).
Zutiña,	il les avait (toi féminin).
Zutia,	il les avait (toi masculin).
Zutiala,	qu'il les avait.
Zutialarik,	tandis qu'il les avait.
Zutialakoz,	parce qu'il les avait.
Zeitan,	il me l'avait.
Zitazun,	il me l'avait (vous singulier).
Zitaña,	il me l'avait (toi féminin).
Zitada,	il me l'avait (toi masculin).
Zeitadala,	qu'il me l'avait.
Zeitadalarik,	tandis qu'il me l'avait.
Zeitadalakoz,	parce qu'il me l'avait.
Zeiztan,	il me les avait.
Ziztatzun,	il me les avait (vous singulier).
Ziztaña,	il me les avait (toi féminin).
Ziztada,	il me les avait (toi masculin).
Zeiztadala,	qu'il me les avait.
Zeiztadalarik,	tandis qu'il me les avait.
Zeiztadalakoz,	parce qu'il me les avait.
Zeizun,	il vous l'avait (vous singulier).
Zeizula,	qu'il vous l'avait.
Zeizularik,	tandis qu'il vous l'avait.
Zeizulakoz,	parce qu'il vous l'avait.

14

Zeïtzun,	il vous les avait.
Zeïtzula,	qu'il vous les avait.
Zeïtzularik,	tandis qu'il vous les avait.
Zeïtzulakoz,	parce qu'il vous les avait.
Zeïzien,	il vous l'avait (vous pluriel).
Zeïziela,	qu'il vous l'avait.
Zeïzielarik,	tandis qu'il vous l'avait.
Zeïzielakoz,	parce qu'il vous l'avait.
Zeïtzien,	il vous les avait.
Zeïtziela,	qu'il vous les avait.
Zeïtzielarik,	tandis qu'il vous les avait.
Zeïtzielakoz,	parce qu'il vous les avait.
Zeña,	il te l'avait (toi féminin).
Zeñala,	qu'il te l'avait.
Zeñalarik,	tandis qu'il te l'avait.
Zeñalakoz,	parce qu'il te l'avait.
Zeïtzaña,	il te les avait.
Zeïtzañala,	qu'il te les avait.
Zeïtzañalarik,	tandis qu'il te les avait.
Zeïtzañalakoz,	parce qu'il te les avait.
Zeïa,	il te l'avait (toi masculin).
Zeïala,	qu'il te l'avait.
Zeïalarik,	tandis qu'il te l'avait.
Zeïalakoz,	parce qu'il te l'avait.
Zeïtza,	il te les avait.
Zeïtzala,	qu'il te les avait.
Zeïtzalarik,	tandis qu'il te les avait.
Zeïtzalakoz,	parce qu'il te les avait.
Zeïkun,	il nous l'avait.
Zikuzun,	il nous l'avait (vous singulier).
Zikuña,	il nous l'avait (toi féminin).
Zikuïa,	il nous l'avait (toi masculin).
Zeïkula,	qu'il nous l'avait.
Zeïkularik,	tandis qu'il nous l'avait.
Zeïkulakoz,	parce qu'il nous l'avait.
Zeïzkun,	il nous les avait.
Zizkutzan,	il nous les avait (vous singulier).

Zizkaña,	il nous les avait (toi féminin).
Zizkaia,	il nous les avait (toi masculin).
Zeizkaia,	qu'il nous les avait.
Zeizkaiarik,	tandis qu'il nous les avait.
Zeizkaiakoz,	parce qu'il nous les avait.
Zeïon,	il le lui avait.
Ziozun,	il le lui avait (vous singulier).
Zioña,	il le lui avait (toi féminin).
Ziota,	il le lui avait (toi masculin).
Zeïota,	qu'il le lui avait.
Zeïotarik,	tandis qu'il le lui avait.
Zeïotakoz,	parce qu'il le lui avait.
Zeïtzon,	il les lui avait.
Ziotzun,	il les lui avait (vous singulier).
Zitzoña,	il les lui avait (toi féminin).
Zitzoua,	il les lui avait (toi masculin).
Zeïtzota,	qu'il les lui avait.
Zeïtzotarik,	tandis qu'il les lui avait.
Zeïtzotakoz,	parce qu'il les lui avait.
Zeïen,	il le leur avait.
Ziezun,	il le leur avait (vous singulier).
Zieña,	il le leur avait (toi féminin).
Zieta,	il le leur avait (toi masculin).
Zeïeta,	qu'il le leur avait.
Zeïetarik,	tandis qu'il le leur avait.
Zeïetakoz,	parce qu'il le leur avait.
Zeïtzen,	il les leur avait.
Zietzun,	il les leur avait (vous singulier).
Zitzeña,	il les leur avait (toi féminin).
Zitzeta,	il les leur avait (toi masculin).
Zeïtzeta,	qu'il les leur avait.
Zeïtzetarik,	tandis qu'il les leur avait.
Zeïtzetakoz,	parce qu'il les leur avait.
Ganian,	nous avions.
Ghinizun,	nous avions (vous singulier).
Ganiña,	nous avions (toi féminin).
Gania,	nous avions (toi masculin).

Ganila , que nous avions.
Ganilarik , tandis que nous avions.
Ganilakoz , parce que nous avions.

Zuntugun , nous vous avions (vous singulier).
Zuntugula , que nous vous avions.
Zuntugularik , tandis que nous vous avions.
Zuntugulakoz , parce que nous vous avions.

Zuntiegun , nous vous avions (vous pluriel).
Zuntiegula , que nous vous avions.
Zuntiegularik , tandis que nous vous avions.
Zuntiegulakoz , parce que nous vous avions.

Hundugun , nous t'avions.
Hundugula , que nous t'avions.
Hundugularik , tandis que nous t'avions.
Hundugulakoz , parce que nous t'avions.

Guntian , nous les avions.
Ghintizun , nous les avions (vous singulier).
Guntiña , nous les avions (toi féminin).
Guntia , nous les avions (toi masculin).

Ghenetzun , nous vous l'avions (vous singulier).
Ghenetzula , que nous vous l'avions.
Ghenetzularik , tandis que nous vous l'avions.
Ghenetzulakoz , parce que nous vous l'avions.

Ghenettzun , nous vous les avions.
Ghenettzala , que nous vous les avions.
Ghenettzularik , tandis que nous vous les avions.
Ghenettzulakoz , parce que nous vous les avions.

Gheneña , nous te l'avions (toi féminin).
Gheneñala , que nous te l'avions.
Gheneñalarik , tandis que nous te l'avions.
Gheneñalakoz , parce que nous te l'avions.

Ghenettzaña , nous te les avions.
Ghenettzañala , que nous te les avions.
Ghenettzañalarik , tandis que nous te les avions.
Ghenettzañalakoz , parce que nous te les avions.

Gheneia , nous te l'avions (toi masculin).
Gheneiala , que nous te l'avions.

Gheneïalarik ,   tandis que nous te l'avions.
Gheneïalakoz ,   parce que nous te l'avions.

Gheneïtza ,   nous te les avions.
Gheneïtzala ,   que nous te les avions.
Gheneïtzalarik ,   tandis que nous te les avions.
Gheneïtzalakoz ,   parce que nous te les avions.

Gheneïon ,   nous le lui avions.
Ghiniozun ,   nous le lui avions (vous singulier).
Ghinioña ,   nous le lui avions (toi féminin).
Ghiniota ,   nous le lui avions (toi masculin).

Gheneïola ,   que nous le lui avions.
Gheneïolarik ,   tandis que nous le lui avions.
Gheneïolakoz ,   parce que nous le lui avions.

Gheneïtzon ,   nous les lui avions.
Ghiniotzun ,   nous les lui avions (vous singulier).
Ghiniotzaña ,   nous les lui avions (toi féminin).
Ghiniotza ,   nous les lui avions (toi masculin).

Gheneïtzola ,   que nous les lui avions.
Gheneïtzolarik ,   tandis que nous les lui avions.
Gheneïtzolakoz ,   parce que nous les lui avions.

Gheneïzien ,   nous vous l'avions (vous pluriel).
Gheneïziela ,   que nous vous l'avions.
Gheneïzielarik ,   tandis que nous vous l'avions.
Gheneïzielakoz ,   parce que nous vous l'avions.

Gheneïtzien ,   nous vous les avions.
Gheneïtziela ,   que nous vous les avions.
Gheneïtzielarik ,   tandis que nous vous les avions.
Gheneïtzielakoz ,   parce que nous vous les avions.

Gheneïen ,   nous le leur avions.
Ghiniezun ,   nous le leur avions (vous singulier).
Ghinieña ,   nous le leur avions (toi féminin).
Ghinieta ,   nous le leur avions (toi masculin).

Gheneïela ,   que nous le leur avions.
Gheneïelarik ,   tandis que nous le leur avions.
Gheneïelakoz ,   parce que nous le leur avions.

Gheneïtzen ,   nous les leur avions.
Ghinietzun ,   nous les leur avions (vous singulier).

Ghintzeña, nous les leur avions (toi féminin).
Ghintzela, nous les leur avions (toi masculin).

Gheneitzela, que nous les leur avions.
Gheneitzelarik, tandis que nous les leur avions.
Gheneitzelakoz, parce que nous les leur avions.

Zunien, vous aviez, vous l'aviez (vous pluriel).
Zuniela, que vous aviez.
Zunielarik, tandis que vous aviez.
Zunielakoz, parce que vous aviez.

Zuntuzien, vous les aviez.
Zuntuziela, que vous les aviez.
Zuntuzielarik, tandis que vous les aviez.
Zuntuzielakoz, parce que vous les aviez.

Zeneitazien, vous me l'aviez.
Zeneitaziela, que vous me l'aviez.
Zeneitazielarik, tandis que vous me l'aviez.
Zeneitazielakoz, parce que vous me l'aviez.

Zeneiztatzien, vous me les aviez.
Zeneiztatziela, que vous me les aviez.
Zeneiztatzielarik, tandis que vous me les aviez.
Zeneiztatzielakoz, parce que vous me les aviez.

Zeneikuzien, vous nous l'aviez.
Zeneikuziela, que vous nous l'aviez.
Zeneikuzielarik, tandis que vous nous l'aviez.
Zeneikuzielakoz, parce que vous nous l'aviez.

Zeneizkutzien, vous nous les aviez.
Zeneizkutziela, que vous nous les aviez.
Zeneizkutzielarik, tandis que vous nous les aviez.
Zeneizkutzielakoz, parce que vous nous les aviez.

Zenozien, vous le lui aviez.
Zenoziela, que vous le lui aviez.
Zenozielarik, tandis que vous le lui aviez.
Zenozielakoz, parce que vous le lui aviez.

Zenotzien, vous les lui aviez.
Zenotziela, que vous les lui aviez.
Zenotzielarik, tandis que vous les lui aviez.
Zenotzielakoz, parce que vous les lui aviez.

Zenezien ,	vous le leur aviez.
Zeneziela ,	que vous le leur aviez.
Zenezielarik ,	tandis que vous le leur aviez.
Zenezielakoz ,	parce que vous le leur aviez.
Zenetzien ,	vous les leur aviez.
Zenetziela ,	que vous les leur aviez.
Zenetzielarik ,	tandis que vous les leur aviez.
Zenetzielakoz ,	parce que vous les leur aviez.
Zien ,	ils avaient, ils l'avaient.
Zizien ,	ils avaient (vous singulier).
Zieña ,	ils avaient (toi féminin).
Ziela ,	ils avaient (toi masculin).
Ziela ,	qu'ils avaient.
Zielarik ,	tandis qu'ils avaient.
Zielakoz ,	parce qu'ils avaient.
Nundien ,	ils m'avaient.
Nindizien ,	ils m'avaient (vous singulier).
Nundieña ,	ils m'avaient (toi féminin).
Nundieta ,	ils m'avaient (toi masculin).
Nundiela ,	qu'ils m'avaient.
Nundielarik ,	tandis qu'ils m'avaient.
Nundielakoz ,	parce qu'ils m'avaient.
Hundien ,	ils t'avaient.
Hundiela ,	qu'ils t'avaient.
Hundielarik ,	tandis qu'ils t'avaient.
Hundielakoz ,	parce qu'ils t'avaient.
Guntien ,	ils nous avaient.
Ghintizien ,	ils nous avaient (vous singulier).
Guntieña ,	ils nous avaient (toi féminin).
Guntieta ,	ils nous avaient (toi masculin).
Guntiela ,	qu'ils nous avaient.
Guntielarik ,	tandis qu'ils nous avaient.
Guntielakoz ,	parce qu'ils nous avaient.
Zutien ,	ils les avaient.
Zitizien ,	ils les avaient (vous singulier).
Zutieña ,	ils les avaient (toi féminin).
Zutieta ,	ils les avaient (toi masculin).

Zutiela,	qu'ils les avaient.
Zutielarik,	tandis qu'ils les avaient.
Zutielakoz,	parce qu'ils les avaient.
Zeitaden,	ils me l'avaient.
Zitadazien,	ils me l'avaient (vous singulier).
Zitadeña,	ils me l'avaient (toi féminin).
Zitadieia,	ils me l'avaient (toi masculin).
Zeitadela,	qu'ils me l'avaient.
Zeitadelarik,	tandis qu'ils me l'avaient.
Zeitadelakoz,	parce qu'ils me l'avaient.
Zeiztaden,	ils me les avaient.
Ziztadatzien,	ils me les avaient (vous singulier).
Ziztadeña,	ils me les avaient (toi féminin).
Ziztalieia,	ils me les avaient (toi masculin).
Zeiztadela,	qu'ils me les avaient.
Zeiztadelarik,	tandis qu'ils me les avaient.
Zeiztadelakoz,	parce qu'ils me les avaient.
Zeizien,	ils vous l'avaient.
Zeiziela,	qu'ils vous l'avaient.
Zeizielarik,	tandis qu'ils vous l'avaient.
Zeizielakoz,	parce qu'ils vous l'avaient.
Zeitzien,	ils vous les avaient.
Zeitziela,	qu'ils vous les avaient,
Zeitzielarik,	tandis qu'ils vous les avaient.
Zeitzielakoz,	parce qu'ils vous les avaient.
Zeieña,	ils te l'avaient (toi féminin).
Zeieñala,	qu'ils te l'avaient.
Zeieñalarik,	tandis qu'ils te l'avaient.
Zeieñalakoz,	parce qu'ils te l'avaient.
Zeitzeña,	ils te les avaient.
Zeitzeñala,	qu'ils te les avaient.
Zeitzeñalarik,	tandis qu'ils te les avaient.
Zeitzeñalakoz,	parce qu'ils te les avaient.
Zeeia,	ils te l'avaient (toi masculin).
Zeeiala,	qu'ils te l'avaient.
Zeeialarik,	tandis qu'ils te l'avaient.
Zeeialakoz,	parce qu'ils te l'avaient.

Zeitzeieia,	ils te les avaient.
Zeitzeieiala,	qu'ils te les avaient.
Zeitzeieialarik,	tandis qu'ils te les avaient.
Zeitzeieialakoz,	parce qu'ils te les avaient.
Zeikien,	ils nous l'avaient.
Zikutzien,	ils nous l'avaient (vous singulier).
Zikuieña,	ils nous l'avaient (toi féminin).
Zikieia,	ils nous l'avaient (toi masculin.)
Zeikiela,	qu'ils nous l'avaient.
Zeikielarik,	tandis qu'ils nous l'avaient.
Zeikielakoz,	parce qu'ils nous l'avaient.
Zeizkien,	ils nous les avaient.
Zizkutzien,	ils nous les avaient (vous singulier).
Zizkieña,	ils nous les avaient (toi féminin).
Zizkieia,	ils nous les avaient (toi masculin).
Zeizkiela,	qu'ils nous les avaient.
Zeizkielarik,	tandis qu'ils nous les avaient.
Zeizkielakoz,	parce qu'ils nous les avaient.
Zereiouen,	ils le lui avaient.
Zionezun,	ils le lui avaient (vous singulier).
Zioneña,	ils le lui avaient (toi féminin).
Zioueia,	ils le lui avaient (toi masculin).
Zereiouela,	qu'ils le lui avaient.
Zereiouelarik,	tandis qu'ils le lui avaient.
Zereiouelakoz,	parce qu'ils le lui avaient.
Zeitzouen,	ils les lui avaient.
Ziouetzun,	ils les lui avaient (vous singulier).
Ziouetzeña,	ils les lui avaient (toi féminin).
Ziouetzeia,	ils les lui avaient (toi masculin).
Ziouetzela,	qu'ils les lui avaient.
Ziouetzelarik,	tandis qu'ils les lui avaient.
Ziouetzelakoz,	parce qu'ils les lui avaient.
Zereien,	ils le leur avaient.
Ziriezun,	ils le leur avaient (vous singulier).
Zirieña,	ils le leur avaient (toi féminin).
Zirieia,	ils le leur avaient (toi masculin).
Zereiela,	qu'ils le leur avaient.
Zereielarik,	tandis qu'ils le leur avaient.
Zereielakoz,	parce qu'ils le leur avaient.

15

Zirieïtzen,	ils les leur avaient.
Zirieïtzezun,	ils les leur avaient (vous singulier).
Zirieïtzeño,	ils les leur avaient (toi féminin).
Zirieïtzeta,	ils les leur avaient (toi masculin).
Zirieïtzeta,	qu'ils les leur avaient.
Zirieïtzelarik,	tandis qu'ils les leur avaient.
Zirieïtzelakoz,	parce qu'ils les leur avaient.

FUTUR.

Duket,	j'aurai, je l'aurai.
Diket,	j'aurai (vous singulier).
Dukiñat,	j'aurai (toi féminin).
Dukiat,	j'aurai (toi masculin).
Dukedala,	que j'aurai.
Dukedalarik,	tandis que j'aurai.
Dukedalakoz,	parce que j'aurai.
Zutuket,	je vous aurai (vous singulier).
Zutukedala,	que je vous aurai.
Zutukedalarik,	tandis que je vous aurai.
Zutukedalakoz,	parce que je vous aurai.
Zutukiet,	je vous aurai (vous pluriel).
Zutukiedala,	que je vous aurai.
Zutukiedalarik,	tandis que je vous aurai.
Zutukiedalakoz,	parce que je vous aurai.
Haïket,	je t'aurai.
Haïkedala,	que je t'aurai.
Haïkedalarik,	tandis que je t'aurai.
Haïkedalakoz,	parce que je t'aurai.
Dutuket,	je les aurai.
Ditiket,	je les aurai (vous singulier).
Ditikiñat,	je les aurai (toi féminin).
Ditikiat,	je les aurai (toi masculin).
Deïkezut,	je vous l'aurai (vous singulier).
Deïkezudala,	que je vous l'aurai.
Deïkezudalarik,	tandis que je vous l'aurai.
Deïkezudalakoz,	parce que je vous l'aurai.
Deïzketzut,	je vous les aurai.
Deïzketzudala,	que je vous les aurai.

Deïzketzudalarik ,	tandis que je vous les aurai.
Deïzketzudalakoz ,	parce que je vous les aurai.
Deïkeñat ,	je te l'aurai (toi féminin).
Deïkeñadala ,	que je te l'aurai.
Deïkeñadalarik ,	tandis que je te l'aurai.
Deïkeñadalakoz ,	parce que je te l'aurai.
Deïzketzañat ,	je te les aurai.
Deïzketzañadala ,	que je te les aurai.
Deïzketzañadalarik ,	tandis que je te les aurai.
Deïzketzañadalakoz ,	parce que je te les aurai.
Deïkeïat ,	je te l'aurai (toi masculin)
Deïkeïadala ,	que je te l'aurai.
Deïkeïadalarik ,	tandis que je te l'aurai.
Deïkeïadalakoz ,	parce que je te l'aurai.
Deïzketzat ,	je te les aurai.
Deïzketzadala ,	que je te les aurai.
Deïzketzadalarik ,	tandis que je te les aurai.
Deïzketzadalakoz ,	parce que je te les aurai.
Deïoket ,	je le lui aurai.
Dikiozut ,	je le lui aurai (vous singulier).
Dikiouñat ,	je le lui aurai (toi féminin).
Dikiouat ,	je le lui aurai (toi masculin)
Deïokedala ,	que je le lui aurai.
Deïokedalarik ,	tandis que je le lui aurai.
Deïokedalakoz ,	parce que je le lui aurai.
Deïtzoket ,	je les lui aurai.
Diozketzut ,	je les lui aurai (vous singulier)
Diozkiouñat ,	je les lui aurai (toi féminin)
Diozkiouat ,	je les lui aurai (toi masculin).
Deïtzokedala ,	que je les lui aurai
Deïtzokedalarik ,	tandis que je les lui aurai.
Deïtzokedalakoz ,	parce que je les lui aurai
Deïkeïet ,	je le leur aurai.
Dikiezut ,	je le leur aurai (vous singulier).
Dikieñat ,	je le leur aurai (toi féminin).
Dikieïat ,	je le leur aurai (toi masculin).

Deikeledala,	que je le leur aurai.
Deikeledalarik,	tandis que je le leur aurai.
Deikeledalakoz,	parce que je le leur aurai.
Deizketzet,	je les leur aurai.
Dizkietzut,	je les leur aurai (vous singulier).
Dizkietzañat,	je les leur aurai (toi féminin).
Dizkietzetat,	je les leur aurai (toi masculin).
Deizkietzedala,	que je les leur aurai.
Deizkietzedalarik,	tandis que je les leur aurai.
Deizkietzedalakoz,	parce que je les leur aurai.
Dukezu,	vous aurez (vous singulier).
Dukezula,	que vous aurez.
Dukezularik,	tandis que vous aurez.
Dukezulakoz,	parce que vous aurez.
Duken,	tu auras (toi féminin).
Dukeñala,	que tu auras.
Dukeñalarik,	tandis que tu auras.
Dukeñalakoz,	parce que tu auras.
Dukek,	tu auras (toi masculin).
Dukiala,	que tu auras.
Dukialarik,	tandis que tu auras.
Dukialakoz,	parce que tu auras.
Dutukezu,	vous les aurez (vous singulier).
Dutukezula,	que vous les aurez.
Dutukezularik,	tandis que vous les aurez.
Dutukezuiakoz,	parce que vous les aurez.
Dutuken,	tu les auras (toi féminin).
Dutukiñala,	que tu les auras.
Dutukiñalarik,	tandis que tu les auras.
Dutukiñalakoz,	parce que tu les auras.
Dutukek,	tu les auras (toi masculin).
Dutukiala,	que tu les auras.
Dutukialarik,	tandis que tu les auras.
Dutukialakoz,	parce que tu les auras.
Deikedazut,	vous me l'aurez (vous singulier).
Deikedazula,	que vous me l'aurez.
Deikedazularik,	tandis que vous me l'aurez.
Deikedazulakoz,	parce que vous me l'aurez.

Deizkedatzut, — vous me les aurez.
Deizkedatzula, — que vous me les aurez.
Deizkedatzularik, — tandis que vous me les aurez.
Deizkedatzulakoz, — parce que vous me les aurez.

Deikedan, — tu me l'auras (toi féminin).
Deikedañala, — que tu me l'auras.
Deikedañalarik, — tandis que tu me l'auras.
Deikedañalakoz, — parce que tu me l'auras.

Deizkedan, — tu me les auras.
Deizkedañala, — que tu me les auras.
Deizkedañalarik, — tandis que tu me les auras.
Deizkadañalakoz, — parce que tu me les auras.

Deikedak, — tu me l'auras (toi masculin).
Deikedaiala, — que tu me l'auras.
Deikedaialarik, — tandis que tu me l'auras.
Deikedaialakoz, — parce que tu me l'auras.

Deizkedak, — tu me les auras.
Deizketzadala, — que tu me les auras.
Deizketzadalarik, — tandis que tu me les auras.
Deizketzadalakoz, — parce que tu me les auras.

Deikukezu, — vous nous l'aurez (vous singulier).
Deikukezula, — que vous nous l'aurez.
Deikukezularik, — tandis que vous nous l'aurez.
Deikukezulakoz, — parce que vous nous l'aurez.

Deikuken, — tu nous l'auras (toi féminin).
Deikukeñala, — que tu nous l'auras.
Deikukeñalarik, — tandis que tu nous l'auras.
Deikukeñalakoz, — parce que tu nous l'auras.

Deikukek, — tu nous l'auras (toi masculin).
Deikukiala, — que tu nous l'auras.
Deikukialarik, — tandis que tu nous l'auras.
Deikukialakoz, — parce que tu nous l'auras.

Deizkuketzu, — vous nous les aurez (vous singulier).
Deizkuketzula, — que vous nous les aurez.
Deizkuketzularik, — tandis que vous nous les aurez.
Deizkuketzulakoz, — parce que vous nous les aurez.

Deizkuken, — tu nous les auras (toi féminin).
Deizkukeñala, — que tu nous les auras.

Deizkukeñalarik,	tandis que tu nous les auras.
Deizkukeñalakoz,	parce que tu nous les auras.
Deizkukek,	tu nous les auras (toi masculin).
Deizkukiala,	que tu nous les auras.
Deizkukialarik,	tandis que tu nous les auras.
Deizkukialakoz,	parce que tu nous les auras.
Derokeza,	vous le lui aurez (vous singulier).
Derokezala,	que vous le lui aurez.
Derokezularik,	tandis que vous le lui aurez.
Derokezulakoz,	parce que vous le lui aurez.
Deroken,	tu le lui auras (toi féminin).
Derokeñala,	que tu le lui auras.
Derokeñalarik,	tandis que tu le lui auras.
Derokeñalakoz,	parce que tu le lui auras.
Derokek,	tu le lui auras (toi masculin).
Derokiala,	que tu le lui auras.
Derokialarik,	tandis que tu le lui auras.
Derokialakoz,	parce que tu le lui auras.
Derozketzu,	vous les lui aurez (vous singulier).
Derozketzula,	que vous les lui aurez.
Derozketzularik,	tandis que vous les lui aurez.
Derozketzulakoz,	parceque vous les lui aurez.
Deizketzon,	tu les lui auras (toi féminin).
Deizketzoñala,	que tu les lui auras.
Deizketzoñalarik,	tandis que tu les lui auras.
Deizketzoñalakoz,	parce que tu les lui auras.
Deitzokek,	tu les lui auras (toi masculin).
Deitzozkiala,	que tu les lui auras.
Deitzozkoualarik,	tandis que tu les lui auras.
Deitzozkoualakoz,	parce que tu les lui auras.
Dekeiezu,	vous le leur aurez (vous singulier).
Dekeiezala,	que vous le leur aurez.
Dekeiezularik,	tandis que vous le leur aurez.
Dekeiezulakoz,	parce que vous le leur aurez.
Dekeien,	tu le leur auras (toi féminin).
Dekeieñala,	que tu le leur auras.
Dekeieñalarik,	tandis que tu le leur auras.
Dekeieñalakoz,	parce que tu le leur auras.

Dekeïek ,	tu le leur auras (toi masculin).
Dekeïeïala ,	que tu le leur auras.
Dekeïeïalarik ,	tandis que tu le leur auras.
Dekeïeïalakoz ,	parce que tu le leur auras.
Dekeïetzu ,	vous les leur aurez (vous singulier).
Dekeïetzula ,	que vous les leur aurez.
Dekeïetzularik ,	tandis que vous les leur aurez.
Dekeïetzulakoz ,	parce que vous les leur aurez.
Deïtzeken ,	tu les leur auras (toi féminin).
Deïtzekeñala ,	que tu les leur auras.
Deïtzekeñalarik ,	tandis que tu les leur auras.
Deïtzekeñalakoz ,	parce que tu les leur auras.
Deïtzekek ,	tu les leur auras (toi masculin).
Deïtzekeïala ,	que tu les leur auras.
Deïtzekeïalarik ,	tandis que tu les leur auras.
Deïtzekeïalakoz ,	parce que tu les leur auras.
Duke ,	il aura.
Dikezu ,	il aura (vous singulier).
Diken ,	il aura (toi féminin).
Dikek ,	il aura (toi masculin).
Dukiala ,	qu'il aura.
Dukialarik ,	tandis qu'il aura.
Dukialakoz ,	parce qu'il aura.
Naïke ,	il m'aura.
Nikezu ,	il m'aura.
Niken ,	il m'aura.
Nikek ,	il m'aura.
Naïkiala ,	qu'il m'aura.
Naïkialarik ,	tandis qu'il m'aura.
Naïkialakoz ,	parce qu'il m'aura.
Zutuke ,	il vous aura (vous singulier).
Zutukiala ,	qu'il vous aura.
Zutukialarik ,	tandis qu'il vous aura.
Zutukialakoz ,	parce qu'il vous aura.
Zutukie ,	il vous aura (vous pluriel).
Zutukiela ,	qu'il vous aura.
Zutukielarik ,	tandis qu'il vous aura.
Zutukielakoz ,	parce qu'il vous aura.

Haike ,   il l'aura.
Haikiala ,   qu'il l'aura.
Haikialarik ,   tandis qu'il l'aura.
Haikialakoz ,   parce qu'il l'aura.

Gutuke ,   il nous aura.
Ghitikezu ,   il nous aura (vous singulier).
Ghitiken ,   il nous aura (toi féminin).
Ghitikek ,   il nous aura (toi masculin).

Gutukiala ,   qu'il nous aura
Gutukialarik ,   tandis qu'il nous aura.
Gutukialakoz ,   parce qu'il nous aura.

Dutuke ,   il les aura.
Ditikezu ,   il les aura (vous singulier).
Ditiken ,   il les aura (toi féminin).
Ditikek ,   il les aura (toi masculin).

Dutukiala ,   qu'il les aura.
Dutukialarik ,   tandis qu'il les aura.
Dutukialakoz ,   parce qu'il les aura.

Deiket ,   il me l'aura.
Dikedazu ,   il me l'aura (vous singulier)
Dikedan ,   il me l'aura (toi féminin).
Dikedak ,   il me l'aura (toi masculin).

Deikedala ,   qu'il me l'aura.
Deikedalarik ,   tandis qu'il me l'aura.
Deikedalakoz ,   parce qu'il me l'aura.

Deizketzat ,   il me les aura.
Dizkedatzut ,   il me les aura (vous singulier).
Dizkedan ,   il me les aura (toi féminin).
Dizkedak ,   il me les aura (toi masculin).

Deizketzadala ,   qu'il me les aura.
Deizketzadalarik ,   tandis qu'il me les aura.
Deizketzadalakoz ,   parce qu'il me les aura.

Deikezu ,   il vous l'aura (vous singulier)
Deikezula ,   qu'il vous l'aura.
Deikezularik ,   tandis qu'il vous l'aura.
Deikezulakoz ,   parce qu'il vous l'aura.

Deizketzu ,   il vous les aura.
Deizketzula ,   qu'il vous les aura.

Deizketzularik ,	tandis qu'il vous les aura.
Deizketzalakoz ,	parce qu'il vous les aura.
Deikezie ,	il vous l'aura (vous pluriel).
Deikeziela ,	qu'il vous l'aura.
Deikezielarik ,	tandis qu'il vous l'aura.
Deikezielakoz ,	parce qu'il vous l'aura.
Deizketzie ,	il vous les aura.
Deizketziela ,	qu'il vous les aura.
Deizketzielarik ,	tandis qu'il vous les aura.
Deizketzielakoz ,	parce qu'il vous les aura.
Deiken ,	il te l'aura (toi féminin).
Deikeñala ,	qu'il te l'aura.
Deikeñalarik ,	tandis qu'il te l'aura.
Deikeñalakoz ,	parce qu'il te l'aura.
Deizketzan ,	il te les aura.
Deizketzañala ,	qu'il te les aura.
Deizketzañalarik ,	tandis qu'il te les aura.
Deizketzañalakoz ,	parce qu'il te les aura.
Deikek ,	il te l'aura (toi masculin).
Deikeiala ,	qu'il te l'aura.
Deikeialarik ,	tandis qu'il te l'aura.
Deikeialakoz ,	parce qu'il te l'aura.
Deizketzak ,	il te les aura.
Deizketzala ,	qu'il te les aura.
Deizketzalarik ,	tandis qu'il te les aura.
Deizketzalakoz ,	parce qu'il te les aura.
Deikuke ,	il nous l'aura.
Dikukezu ,	il nous l'aura (vous singulier).
Dikuken ,	il nous l'aura (toi féminin).
Dikukek ,	il nous l'aura (toi masculin).
Deikukiala ,	qu'il nous l'aura.
Deikukialarik ,	tandis qu'il nous l'aura.
Deikukialakoz ,	parce qu'il nous l'aura.
Deizkuke ,	il nous les aura.
Dizkukezu ,	il nous les aura (vous singulier).
Dizkuken ,	il nous les aura (toi féminin).
Dizkukek ,	il nous les aura (toi masculin).

16

Deizkukiala,	qu'il nous les aura.
Deizkukialarik,	tandis qu'il nous les aura.
Deizkukialakoz,	parce qu'il nous les aura.
Deikio,	il le lui aura.
Dikiozu,	il le lui aura (vous singulier).
Dikion,	il le lui aura (toi féminin).
Dikiok,	il le lui aura (toi masculin).
Deikeiola,	qu'il le lui aura.
Deikeiolarik,	tandis qu'il le lui aura.
Deikeiolakoz,	parce qu'il le lui aura.
Deizkio,	il les lui aura.
Dizkiotzu,	il les lui aura (vous singulier).
Dizkion,	il les lui aura (toi féminin).
Dizkiok,	il les lui aura (toi masculin).
Deizketzola,	qu'il les lui aura.
Deizketzolarik,	tandis qu'il les lui aura.
Deizketzolakoz,	parce qu'il les lui aura.
Dereike,	il le leur aura.
Dikiezu,	il le leur aura (vous singulier).
Dikien,	il le leur aura (toi féminin).
Dikiek,	il le leur aura (toi masculin).
Dereikela,	qu'il le leur aura.
Dereikelarik,	tandis qu'il le leur aura.
Dereikelakoz,	parce qu'il le leur aura.
Dereizke,	il les leur aura.
Dizkietzu,	il les leur aura (vous singulier).
Dizkitzen,	il les leur aura (toi féminin).
Dizkitzek,	il les leur aura (toi masculin).
Dereizkela,	qu'il les leur aura.
Dereizkelarik,	tandis qu'il les leur aura.
Dereizkelakoz,	parce qu'il les leur aura.
Dukegu,	nous aurons, nous l'aurons.
Dikezuga,	nous aurons (vous singulier).
Dikiñagu,	nous aurons (toi féminin).
Dikiagu,	nous aurons (toi masculin).
Dukegula,	que nous aurons.
Dukegularik,	tandis que nous aurons.
Dukegulakoz,	parce que nous aurons.

Zutukegu,	nous vous aurons (vous singulier).
Zutukegula,	que nous vous aurons.
Zutukegularik,	tandis que nous vous aurons.
Zutukegulakoz,	parce que nous vous aurons.
Zutukiegu,	nous vous aurons.
Zutukiegula,	que nous vous aurons.
Zutukiegularik,	tandis que nous vous aurons.
Zutukiegulakoz,	parce que nous vous aurons.
Haikegu,	nous t'aurons.
Haikegula,	que nous t'aurons.
Haikegularik,	tandis que nous t'aurons.
Haikegulakoz,	parce que nous t'aurons.
Dutukegu,	nous les aurons.
Ditikezagu,	nous les aurons (vous singulier).
Ditikiñagu,	nous les aurons (toi féminin).
Ditikiagu,	nous les aurons (toi masculin).
Deikezugu,	nous vous l'aurons (vous singulier).
Deikezugula,	que nous vous l'aurons.
Deikezugularik,	tandis que nous vous l'aurons.
Deikezugulakoz,	parce que nous vous l'aurons.
Deizketzugu,	nous vous les aurons.
Deizketzugula,	que nous vous les aurons.
Deizketzugularik,	tandis que nous vous les aurons.
Deizketzugulakoz,	parce que nous vous les aurons.
Deikeñagu,	nous te l'aurons (toi féminin).
Deikeñagula,	que nous te l'aurons.
Deikeñagularik,	tandis que nous te l'aurons.
Deikeñagulakoz,	parce que nous te l'aurons.
Deitzakeñagu,	nous te les aurons.
Deitzakeñagula,	que nous te les aurons.
Deitzakeñagularik,	tandis que nous te les aurons.
Deitzakeñagulakoz,	parce que nous te les aurons.
Deikeiagu,	nous te l'aurons (toi masculin).
Deikeiagula,	que nous te l'aurons.
Deikeiagularik,	tandis que nous te l'aurons.
Deiketagulakoz,	parce que nous te l'aurons.
Deizketzagu,	nous te les aurons.
Deizketzagula,	que nous te les aurons.

Deïzketzagularik,	tandis que nous te les aurons.
Deïzketzagulakoz,	parce que nous te les aurons.
Dekeïogu,	nous le lui aurons.
Dikiozugu,	nous le lui aurons (vous singulier).
Dikiouñagu,	nous le lui aurons (toi féminin).
Dikiouagu,	nous le lui aurons (toi masculin).
Dekeïogula,	que nous le lui aurons.
Dekeïogularik,	tandis que nous le lui aurons.
Dekeïogulakoz,	parce que nous le lui aurons.
Deïtzokegu,	nous les lui aurons.
Diozketzugu,	nous les lui aurons (vous singulier).
Diozkeñagu,	nous les lui aurons (toi féminin).
Dizkiouagu,	nous les lui aurons (toi masculin).
Deïtzokegula,	que nous les lui aurons.
Deïtzokegularik,	tandis que nous les lui aurons.
Deïtzokegulakoz,	parce que nous les lui aurons.
Deïkeziegu,	nous vous l'aurons (vous pluriel).
Deïkeziegula,	que nous vous l'aurons.
Deïkeziegularik,	tandis que nous vous l'aurons.
Deïkeziegulakoz,	parce que nous vous l'aurons.
Deïzketziegu,	nous vous les aurons.
Deïzketziegula,	que nous vous les aurons.
Deïzketziegularik,	tandis que nous vous les aurons.
Deïzketziekulakoz,	parce que nous vous les aurons.
Dekeïegu,	nous le leur aurons.
Dikiezugu,	nous le leur aurons (vous singulier).
Dikieñagu,	nous le leur aurons (toi féminin).
Dikieiagu,	nous le leur aurons (toi masculin).
Dekeïegula,	que nous le leur aurons.
Dekeïegularik,	tandis que nous le leur aurons.
Dekeïegulakoz,	parce que nous le leur aurons.
Deïzketzegu,	nous les leur aurons.
Dizkietzugu,	nous les leur aurons (vous singulier).
Dizkieñagu,	nous les leur aurons (toi féminin).
Dizkietagu,	nous les leur aurons (toi masculin).
Deïzketzegula,	que nous les leur aurons.
Deïzketzegularik,	tandis que nous les leur aurons.
Deïzketzegulakoz,	parce que nous les leur aurons.

Dukezie,   vous aurez, vous l'aurez (vous pluriel).
Dukeziela,   que vous aurez.
Dukezielarik,   tandis que vous aurez.
Dukezielakoz,   parce que vous aurez.

Datukezie,   vous les aurez.
Datukeziela,   que vous les aurez.
Datukezielarik,   tandis que vous les aurez.
Datukezielakoz,   parce que vous les aurez.

Deikedaziet,   vous me l'aurez.
Deikedaziela,   que vous me l'aurez.
Deikedazielarik,   tandis que vous me l'aurez.
Deikedazielakoz,   parce que vous me l'aurez.

Deizkedatziet,   vous me les aurez.
Deizkedatziela,   que vous me les aurez.
Deizkedatzielarik, tandis que vous me les aurez.
Deizkedatzielakoz, parce que vous me les aurez.

Deikukezie,   vous nous l'aurez.
Deikukeziela,   que vous nous l'aurez.
Deikukezielarik,   tandis que vous nous l'aurez.
Deikukezielakoz,   parce que vous nous l'aurez.

Deizkuketzie,   vous nous les aurez.
Deizkuketziela,   que vous nous les aurez.
Deizkuketzielarik, tandis que vous nous les aurez.
Deizkuketzielakoz, parce que vous nous les aurez.

Derokezie,   vous le lui aurez.
Derokeziela,   que vous le lui aurez.
Derokezielarik,   tandis que vous le lui aurez.
Derokezielakoz,   parce que vous le lui aurez.

Derozketzie,   vous les lui aurez.
Derozketziela,   que vous les lui aurez.
Derozketzielarik,   tandis que vous les lui aurez.
Derozketzielakoz,   parce que vous les lui aurez.

Dekeiezie,   vous le leur aurez.
Dekeieziela,   que vous le leur aurez.
Dekeiezielarik,   tandis que vous le leur aurez.
Dekeiezielakoz,   parce que vous le leur aurez.

Deizkeietzie,   vous les leur aurez.
Deizkeietziela,   que vous les leur aurez.

Deizkeielzielarik ,	tandis que vous les leur aurez.
Deizkeielzielakoz ,	parce que vous les leur aurez.
Dukie ,	ils auront.
Dikezie ,	ils auront (vous singulier).
Dikiñe ,	ils auront (toi féminin).
Dikiek ,	ils auront (toi masculin).
Dukiela ,	qu'ils auront.
Dukielarik ,	tandis qu'ils auront.
Dukielakoz ,	parce qu'ils auront.
Nukie ,	ils m'auront.
Nikezie ,	ils m'auront (vous singulier).
Nikiñe ,	ils m'auront (toi féminin).
Nikiek ,	ils m'auront (toi masculin).
Nukiela ,	qu'ils m'auront.
Nukielarik ,	tandis qu'ils m'auront.
Nukielakoz ,	parce qu'ils m'auront.
Zutukie ,	ils vous auront.
Zutukiela ,	qu'ils vous auront.
Zutukielarik ,	tandis qu'ils vous auront.
Zutukielakoz ,	parce qu'ils vous auront.
Haikeie ,	ils t'auront.
Haikeiela ,	qu'ils t'auront.
Haikcielarik ,	tandis qu'ils t'auront.
Haikeielakoz ,	parce qu'ils t'auront.
Gutukie ,	ils nous auront.
Ghitikezie ,	ils nous auront (vous singulier).
Ghitikiñe ,	ils nous auront (toi féminin).
Ghitikie ,	ils nous auront (toi masculin).
Gutukiela ,	qu'ils nous auront.
Gutukielarik ,	tandis qu'ils nous auront.
Gutukielakoz ,	parce qu'ils nous auront.
Dutukie ,	ils les auront.
Ditikezie ,	ils les auront (vous singulier).
Ditikiñe ,	ils les auront (toi féminin).
Ditikiek ,	ils les auront (toi masculin).
Dutukiela ,	qu'ils les auront.
Dutukielarik ,	tandis qu'ils les auront.
Dutukielakoz ,	parce qu'ils les auront.

Deïtakeie,	ils me l'auront.
Ditakezie,	ils me l'auront (vous singulier).
Ditakeñe,	ils me l'auront (toi féminin).
Ditakeiek,	ils me l'auront (toi masculin).
Deïtakeiela,	qu'ils me l'auront.
Deïtakeielarik,	tandis qu'ils me l'auront.
Deïtakeielakoz,	parce qu'ils me l'auront.
Deïztakeie,	ils me les auront.
Diztakeizie,	ils me les auront (vous singulier).
Diztakiñe,	ils me les auront (toi féminin).
Diztakeiek,	ils me les auront (toi masculin).
Deïztakeiela,	qu'ils me les auront.
Deïztakeielarik,	tandis qu'ils me les auront.
Deïztakeielakoz,	parce qu'ils me les auront.
Deïkezie,	ils vous l'auront.
Deïkeziela,	qu'ils vous l'auront.
Deïkezielarik,	tandis qu'ils vous l'auront.
Deïkezielakoz,	parce qu'ils vous l'auront.
Deïzketzie,	ils vous les auront.
Deïzketziela,	qu'ils vous les auront.
Deïzketzielarik,	tandis qu'ils vous les auront.
Deïzketzielakoz,	parce qu'ils vous les auront.
Deïkeñe,	ils te l'auront (toi féminin).
Deïkeñela,	qu'ils te l'auront.
Deïkeñelarik,	tandis qu'ils te l'auront.
Deïkenelakoz,	parce qu'ils te l'auront
Deïtzakeñe,	ils te les auront.
Deïtzakeñela,	qu'ils te les auront.
Deïtzakeñelarik,	tandis qu'ils te les auront.
Deïtzakeñelakoz,	parce qu'ils te les auront.
Deïkeie,	ils te l'auront (toi masculin).
Deïkeiela,	qu'ils te l'auront.
Deïkeielarik,	tandis qu'ils te l'auront.
Deïkeielakoz,	parce qu'ils te l'auront.
Deïzketze,	ils te les auront.
Deïzketzela,	qu'ils te les auront.
Deïzketzelarik,	tandis qu'ils te les auront.
Deïzketzelakoz,	parce qu'ils te les auront.

Deïkakie,	ils nous l'auront.
Dikukezie,	ils nous l'auront (vous singulier).
Dikukiñe,	ils nous l'auront (toi féminin).
Dikukeïek,	ils nous l'auront (toi masculin).
Deïkukiela,	qu'ils nous l'auront.
Deïkukielarik,	tandis qu'ils nous l'auront
Deïkukielakoz,	parce qu'ils nous l'auront.
Deïzkukie,	ils nous les auront.
Dizkuketzie,	ils nous les auront (vous singulier).
Dizkukiñe,	ils nous les auront (toi féminin).
Dizkukiek,	ils nous les auront (toi masculin).
Deïzkukiela,	qu'ils nous les auront.
Deïzkukielarik,	tandis qu'ils nous les auront.
Deïzkukielakoz,	parce qu'ils nous les auront.
Dereïkele,	ils le lui auront.
Dirikiezu,	ils le lui auront (vous singulier).
Dirikiouñe,	ils le lui auront (toi féminin).
Dirikiouek,	ils le lui auront (toi masculin).
Dereïkeïela,	qu'ils le lui auront.
Dereïkeïelarik,	tandis qu'ils le lui auront.
Dereïkeïelakoz,	parce qu'ils le lui auront.
Dizkiotze,	ils les lui auront.
Dizkiouetzu,	ils les lui auront (vous singulier).
Dizkiotzañe,	ils les lui auront (toi féminin).
Dizkiotzek,	ils les lui auront (toi masculin).
Dizkiotzela,	qu'ils les lui auront.
Dizkiotzelarik,	tandis qu'ils les lui auront.
Dizkiotzelakoz,	parce qu'ils les lui auront.
Deïkeie,	ils le leur auront.
Dikiouezu,	ils le leur auront (vous singulier).
Dikiouñe,	ils le leur auront (toi féminin).
Dikiouek,	ils le leur auront (toi masculin).
Deïkeïela,	qu'ils le leur auront.
Deïkeïelarik,	tandis qu'ils le leur auront.
Deïkeïelakoz,	parce qu'ils le leur auront.
Diriezketze,	ils les leur auront.
Diriezketzela,	qu'ils les leur auront.

Diriezketzelarik,   tandis qu'ils les leur auront.
Diriezketzelakoz,   parce qu'ils les leur auront.

CONDITIONNEL.

Nuke,   j'aurais, je l'aurais.
Nikezu,   je l'aurais (vous singulier).
Niken,   je l'aurais (toi féminin).
Nikek,   je l'aurais (toi masculin).

Nukila,   que j'aurais.
Nukilarik,   tandis que j'aurais.
Nukilakoz,   parce que j'aurais.

Zuntuket,   je vous aurais (vous singulier).
Zuntukedala,   que je vous aurais.
Zuntukedalarik,   tandis que je vous aurais.
Zuntukedalakoz,   parce que je vous aurais.

Zuntukiet,   je vous aurais (vous pluriel).
Zuntukiedala,   que je vous aurais.
Zuntukiedalarik,   tandis que je vous aurais.
Zuntukiedalakoz,   parce que je vous aurais.

Hunduket,   je t'aurais.
Hundukedala,   que je t'aurais.
Hundukedalarik,   tandis que je t'aurais.
Hundukedalakoz,   parce que je t'aurais.

Nutuke,   je les aurais.
Nitikezu,   je les aurais (vous singulier).
Nitiken,   je les aurais (toi féminin).
Nitikek,   je les aurais (toi masculin).

Neikezu,   je vous l'aurais (vous singulier).
Neikezula,   que je vous l'aurais.
Neikezularik,   tandis que je vous l'aurais.
Neikezulakoz,   parce que je vous l'aurais.

Neizketzu,   je vous les aurais.
Neizketzula,   que je vous les aurais.
Neizketzularik,   tandis que je vous les aurais.
Neizketzulakoz,   parce que je vous les aurais.

Neiken,   je te l'aurais (toi féminin).
Neikeñala,   que je te l'aurais.

17

Neikeñalarik,	tandis que je te l'aurais.
Neikeñalakoz,	parce que je te l'aurais.
Neizken,	je te les aurais.
Neizkeñala,	que je te les aurais.
Neizkeñalarik,	tandis que je te les aurais.
Neizkeñalakoz,	parce que je te les aurais.
Neikek,	je te l'aurais (toi masculin).
Neikeiala,	que je te l'aurais.
Neikeialarik,	tandis que je te l'aurais.
Neikeialakoz,	parce que je te l'aurais.
Neizkek,	je te les aurais.
Neizketzala,	que je te les aurais.
Neizketzalarik,	tandis que je te les aurais.
Neizketzalakoz,	parce que je te les aurais.
Nekeio,	je le lui aurais.
Nikiozu,	je le lui aurais (vous singulier).
Nikion,	je le lui aurais (toi féminin).
Nikiok,	je le lui aurais (toi masculin).
Nekeiola,	que je le lui aurais.
Nekeiolarik,	tandis que je le lui aurais.
Nekeiolakoz,	parce que je le lui aurais.
Nezkeio,	je les lui aurais.
Nizkiotzu,	je les lui aurais (vous singulier).
Nizkiotzan,	je les lui aurais (toi féminin).
Nizkiotzak,	je les lui aurais (toi masculin).
Nezkeiola,	que je les lui aurais.
Nezkeiolarik,	tandis que je les lui aurais.
Nezkeiolakoz,	parce que je les lui aurais.
Nekeie,	je le leur aurais.
Nikiezu,	je le leur aurais (vous singulier).
Nikien,	je le leur aurais (toi féminin).
Nikiek,	je le leur aurais (toi masculin).
Nekeiela,	que je le leur aurais.
Nekeielarik,	tandis que je le leur aurais.
Nekeielakoz,	parce que je le leur aurais.
Nekeitze,	je les leur aurais.
Nizkielzu,	je les leur aurais (vous singulier).

Nizkien,	je les leur aurais (toi féminin).
Nizkiek,	je les leur aurais (toi masculin).
Nekeitzela,	que je les leur aurais.
Nekeitzelarik,	tandis que je les leur aurais.
Nekeitzelakoz,	parce que je les leur aurais.
Zunuke,	vous auriez (vous singulier).
Zunukiala,	que vous auriez.
Zunukialarik,	tandis que vous auriez.
Zunukialakoz,	parce que vous auriez.
Huke,	tu aurais.
Hukiala,	que tu aurais.
Hukialarik,	tandis que tu aurais.
Hukialakoz,	parce que tu aurais.
Zuntuke,	vous les auriez (vous singulier).
Zuntukiala,	que vous les auriez.
Zuntukialarik,	tandis que vous les auriez.
Zuntukialakoz,	parce que vous les auriez.
Huntuke,	tu les aurais.
Huntukiala,	que tu les aurais.
Huntukialarik,	tandis que tu les aurais.
Huntukialakoz,	parce que tu les aurais.
Zeneiket,	vous me l'auriez (vous singulier).
Zeneikedazula,	que vous me l'auriez.
Zeneikedazularik,	tandis que vous me l'auriez.
Zeneikedazulakoz,	parce que vous me l'auriez.
Zeneizket,	vous me les auriez.
Zeneizkedatzula,	que vous me les auriez.
Zeneizkedatzularik,	tandis que vous me les auriez.
Zeneizkedatzulakoz,	parce que vous me les auriez.
Heiket,	tu me l'aurais.
Heikedañala,	que tu me l'aurais (toi féminin).
Heikedañalarik,	tandis que tu me l'aurais.
Heikedañalakoz,	parce que tu me l'aurais.
Heizket,	tu me les aurais.
Heizkedañala,	que tu me les aurais (toi féminin).
Heizkedañalarik,	tandis que tu me les aurais.
Heizkedañalakoz,	parce que tu me les aurais.

Heïkedala,	que tu me l'aurais (toi masculin).
Heïkedalarik,	tandis que tu me l'aurais.
Heïkedalakoz,	parce que tu me l'aurais.
Heïzkedala,	que tu me les aurais (toi masculin).
Heïzkedalarik,	tandis que tu me les aurais.
Heïzkedalakoz,	parce que tu me les aurais.
Zeneïkukezu,	vous nous l'auriez (vous singulier).
Zeneïkukezula,	que vous nous l'auriez.
Zeneïkukezularik,	tandis que vous nous l'auriez.
Zeneïkukezulakoz,	parce que vous nous l'auriez.
Heïkuken,	tu nous l'aurais (toi féminin).
Heïkukeñala,	que tu nous l'aurais.
Heïkukeñalarik,	tandis que tu nous l'aurais.
Heïkukeñalakoz,	parce que tu nous l'aurais.
Heïkukek,	tu nous l'aurais (toi masculin).
Heïkukiala,	que tu nous l'aurais.
Heïkukialarik,	tandis que tu nous l'aurais.
Heïkukialakoz,	parce que tu nous l'aurais.
Zeneïzkuketzu,	vous nous les auriez (vous singulier).
Zeneïzkuketzula,	que vous nous les auriez.
Zeneïzkuketzularik,	tandis que vous nous les auriez.
Zeneïzkuketzulakoz,	parce que vous nous les auriez.
Heïzkuken,	tu nous les aurais (toi féminin).
Heïzkukeñala,	que tu nous les aurais.
Heïzkukeñalarik,	tandis que tu nous les aurais.
Heïzkukeñalakoz,	parce que tu nous les aurais.
Heïzkukek,	tu nous les aurais (toi masculin).
Heïzkukiala,	que tu nous les aurais.
Heïzkukialarik,	tandis que tu nous les aurais.
Heïzkukialakoz,	parce que tu nous les aurais.
Zeneïokezu,	vous le lui auriez (vous singulier).
Zeneïokezula,	que vous le lui auriez.
Zeneïokezularik,	tandis que vous le lui auriez.
Zeneïokezulakoz,	parce que vous le lui auriez.
Hekeïo,	tu le lui aurais.
Heïokola,	que tu le lui aurais.
Heïokolarik,	tandis que tu le lui aurais.
Heïokolakoz,	parce que tu le lui aurais.

Zeneiozketzu,   vous les lui auriez (vous singulier).
Zeneiozketzula,   que vous les lui auriez.
Zeneiozketzularik,   tandis que vous les lui auriez.
Zeneiozketzulakoz,   parce que vous les lui auriez.

Heizketzo,   tu les lui aurais.

Heizketzoñala,   que tu les lui aurais (toi féminin).
Heizketzoñalarik,   tandis que tu les lui aurais.
Heizketzoñalakoz,   parce que tu les lui aurais.

Heizketzouala,   que tu les lui aurais (toi masculin).
Heizketzoualarik,   tandis que tu les lui aurais.
Heizketzoualakoz,   parce que tu les lui aurais.

Zenekeiezu,   vous le leur auriez (vous singulier).
Zenekeiezula,   que vous le leur auriez.
Zenekeiezularik,   tandis que vous le leur auriez.
Zenekeiezulakoz,   parce que vous le leur auriez.

Hekeien,   tu le leur aurais (toi féminin).
Hekeieñala,   que tu le leur aurais.
Hekeieñalarik,   tandis que tu le leur aurais.
Hekeieñalakoz,   parce que tu le leur aurais.

Heikeiek,   tu le leur aurais (toi masculin).
Heikeiela,   que tu le leur aurais.
Heikeielarik,   tandis que tu le leur aurais.
Heikeielakoz,   parce que tu le leur aurais.

Zenekeietzu,   vous les leur auriez (vous singulier).
Zenekeietzula,   que vous les leur auriez.
Zenekeietzularik,   tandis que vous les leur auriez.
Zenekeietzulakoz,   parce que vous les leur auriez.

Heizketzen,   tu les leur aurais (toi féminin).
Heizketzeñala,   que tu les leur aurais.
Heizketzeñalarik,   tandis que tu les leur aurais.
Heizketzeñalakoz,   parce que tu les leur aurais.

Heizketzeh,   tu les leur aurais (toi masculin).
Heizketzeiala,   que tu les leur aurais.
Heizketzeialarik,   tandis que tu les leur aurais.
Heizketzeialakoz,   parce que tu les leur aurais.

Luke,   il aurait, il l'aurait, etc.
Likezu,   il aurait (vous singulier).

Liken ,   il aurait (toi féminin).
Likek ,   il aurait (toi masculin).

Lukiala ,   qu'il aurait.
Lukialarik ,   tandis qu'il aurait.
Lukialakoz ,   parce qu'il aurait.

Nunduke ,   il m'aurait.
Nindikezu ,   il m'aurait (vous singulier).
Nindiken ,   il m'aurait (toi féminin).
Nindikek ,   il m'aurait (toi masculin).

Nundukiala ,   qu'il m'aurait.
Nundukialarik ,   tandis qu'il m'aurait.
Nundukialakoz ,   parce qu'il m'aurait.

Zuntuke ,   il vous aurait (vous singulier).
Zuntukiala ,   qu'il vous aurait.
Zuntukialarik ,   tandis qu'il vous aurait.
Zuntukialakoz ,   parce qu'il vous aurait.

Zuntukie ,   il vous aurait (vous pluriel).
Zuntukiela ,   qu'il vous aurait.
Zuntukielarik ,   tandis qu'il vous aurait.
Zuntukielakoz ,   parce qu'il vous aurait.

Hunduke ,   il t'aurait.
Hundukiala ,   qu'il t'aurait.
Hundukialarik ,   tandis qu'il t'aurait.
Hundukialakoz ,   parce qu'il t'aurait.

Guntuke ,   il nous aurait.
Ghintikezu ,   il nous aurait (vous singulier).
Ghintiken ,   il nous aurait (toi féminin).
Ghintikek ,   il nous aurait (toi masculin).

Guntukiala ,   qu'il nous aurait.
Guntukialarik ,   tandis qu'il nous aurait.
Guntukialakoz ,   parce qu'il nous aurait.

Lutuke ,   il les aurait.
Litikezu ,   il les aurait (vous singulier).
Litiken ,   il les aurait (toi féminin).
Litikek ,   il les aurait (toi masculin).

Lutukiala ,   qu'il les aurait.
Lutukialarik ,   tandis qu'il les aurait.
Lutukialakoz ,   parce qu'il les aurait.

Leiket,	il me l'aurait.
Likedazut,	il me l'aurait (vous singulier).
Likedan,	il me l'aurait (toi féminin).
Likedak,	il me l'aurait (toi masculin).
Leikedala,	qu'il me l'aurait.
Leikedalarik,	tandis qu'il me l'aurait.
Leikedalakoz,	parce qu'il me l'aurait.
Leizketzat,	il me les aurait.
Lizkedatzut,	il me les aurait (vous singulier).
Lizkedan,	il me les aurait (toi féminin).
Lizkedak,	il me les aurait (toi masculin).
Leizketzadala,	qu'il me les aurait.
Leizketzadalarik,	tandis qu'il me les aurait.
Leizketzadalakoz,	parce qu'il me les aurait.
Leikezu,	il vous l'aurait (vous singulier).
Leikezula,	qu'il vous l'aurait.
Leikezularik,	tandis qu'il vous l'aurait.
Leikezulakoz,	parce qu'il vous l'aurait.
Leizketzu,	il vous les aurait.
Leizketzula,	qu'il vous les aurait.
Leizketzularik,	tandis qu'il vous les aurait.
Leizketzulakoz,	parce qu'il vous les aurait.
Leikezie,	il vous l'aurait (vous pluriel).
Leikeziela,	qu'il vous l'aurait.
Leikezielarik,	tandis qu'il vous l'aurait.
Leikezielakoz,	parce qu'il vous l'aurait.
Leizketzie,	il vous les aurait.
Leizketziela,	qu'il vous les aurait.
Leizketzielarik,	tandis qu'il vous les aurait.
Leizketzielakoz,	parce qu'il vous les aurait.
Leiken,	il te l'aurait (toi féminin).
Leikeñala,	qu'il te l'aurait.
Leikeñalarik,	tandis qu'il te l'aurait.
Leikeñalakoz,	parce qu'il te l'aurait.
Leizketzan,	il te les aurait.
Leizketzañala,	qu'il te les aurait.
Leizketzañalarik,	tandis qu'il te les aurait.
Leizketzañalakoz,	parce qu'il te les aurait.

Leïkek ,	il te l'aurait (toi masculin).
Leïkeiala ,	qu'il te l'aurait.
Leïkeialarik ,	tandis qu'il te l'aurait.
Leïkeialakoz ,	parce qu'il te l'aurait.
Leïzketzak ,	il te les aurait.
Leïzketzala ,	qu'il te les aurait.
Leïzketzalarik ,	tandis qu'il te les aurait.
Leïzketzalakoz ,	parce qu'il te les aurait.
Leïkuke ,	il nous l'aurait.
Likukezu ,	il nous l'aurait (vous singulier).
Likuken ,	il nous l'aurait (toi féminin).
Likukek ,	il nous l'aurait (toi masculin).
Leïkukiala ,	qu'il nous l'aurait.
Leïkukialarik ,	tandis qu'il nous l'aurait.
Leïkukialakoz ,	parce qu'il nous l'aurait.
Leïzkuke ,	il nous les aurait.
Lizkuketzu ,	il nous les aurait (vous singulier).
Lizkuken ,	il nous les aurait (toi féminin).
Lizkukek ,	il nous les aurait (toi masculin).
Leïzkukiala ,	qu'il nous les aurait.
Leïzkukialarik ,	tandis qu'il nous les aurait.
Leïzkukialakoz ,	parce qu'il nous les aurait.
Leïkeïo ,	il le lui aurait.
Likiozu ,	il le lui aurait (vous singulier).
Likion ,	il le lui aurait (toi féminin).
Likiok ,	il le lui aurait (toi masculin).
Leïkeïola ,	qu'il le lui aurait.
Leïkeïolarik ,	tandis qu'il le lui aurait.
Leïkeïolakoz ,	parce qu'il le lui aurait.
Leïzketzo ,	il les lui aurait.
Lizkiotzu ,	il les lui aurait (vous singulier).
Lizkiotzan ,	il les lui aurait (toi féminin).
Lizkiotzak ,	il les lui aurait (toi masculin).
Leïzketzola ,	qu'il les lui aurait.
Leïzketzolarik ,	tandis qu'il les lui aurait.
Leïzketzolakoz ,	parce qu'il les lui aurait.
Lereïke ,	il le leur aurait.
Likiozu ,	il le leur aurait (vous singulier).

Likien,	il le leur aurait (toi féminin).
Likiek,	il le leur aurait (toi masculin).
Lereikela,	qu'il le leur aurait.
Lereikelarik,	tandis qu'il le leur aurait.
Lereikelakoz,	parce qu'il le leur aurait.
Lereizke,	il les leur aurait.
Lizkietzu,	il les leur aurait (vous singulier).
Lizkitzen,	il les leur aurait (toi féminin).
Lizkitzek,	il les leur aurait (toi masculin).
Lereizkela,	qu'il les leur aurait.
Lereizkelarik,	tandis qu'il les leur aurait.
Lereizkelakoz,	parce qu'il les leur aurait.
Gunuke,	nous aurions, nous l'aurions.
Ghinikezu,	nous aurions (vous singulier).
Ghiniken,	nous aurions (toi féminin).
Ghinikek,	nous aurions (toi masculin).
Gunukila,	que nous aurions.
Gunukilarik,	tandis que nous aurions.
Gunukilakoz,	parce que nous aurions.
Zuntukegu,	nous vous aurions (vous singulier).
Zuntukegula,	que nous vous aurions.
Zuntukegularik,	tandis que nous vous aurions.
Zuntukegulakoz,	parce que nous vous aurions.
Zuntukiegu,	nous vous aurions (vous pluriel).
Zuntukiegula,	que nous vous aurions.
Zuntukiegularik,	tandis que nous vous aurions.
Zuntukiegulakoz,	parce que nous vous aurions.
Hundukegu,	nous t'aurions.
Hundukegula,	que nous t'aurions.
Hundukegularik,	tandis que nous t'aurions.
Hundukegulakoz,	parce que nous t'aurions.
Guntuke,	nous les aurions.
Ghintikezu,	nous les aurions (vous singulier).
Ghintiken,	nous les aurions (toi féminin).
Ghintikek,	nous les aurions (toi masculin).
Gheneikezu,	nous vous l'aurions.
Gheneikezula,	que nous vous l'aurions.

Gheneïkezularik,	tandis que nous vous l'aurions.
Gheneïkezulakoz,	parce que nous vous l'aurions.
Gheneïzketzu,	nous vous les aurions.
Gheneïzketzula,	que nous vous les aurions.
Gheneïzketzularik,	tandis que nous vous les aurions.
Gheneïzketzulakoz,	parce que nous vous les aurions.
Gheneïken,	nous te l'aurions (toi féminin).
Gheneïkeñala,	que nous te l'aurions.
Gheneïkeñalarik,	tandis que nous te l'aurions.
Gheneïkeñalakoz,	parce que nous te l'aurions.
Gheneïzken,	nous te les aurions.
Gheneïzkeñala,	que nous te les aurions.
Gheneïzkeñalarik,	tandis que nous te les aurions.
Gheneïzkeñalakoz,	parce que nous te les aurions.
Gheneïkek,	nous te l'aurions (toi masculin).
Gheneïkeïala,	que nous te l'aurions.
Gheneïkeïalarik,	tandis que nous te l'aurions.
Gheneïkeïalakoz,	parce que nous te l'aurions.
Gheneïzketzak,	nous te les aurions.
Gheneïzketzala,	que nous te les aurions.
Gheneïzketzalarik,	tandis que nous te les aurions.
Gheneïzketzalakoz,	parce que nous te les aurions.
Ghenekeïo,	nous le lui aurions.
Ghinikiozu,	nous le lui aurions (vous singulier).
Ghinikion,	nous le lui aurions (toi féminin).
Ghinikiok,	nous le lui aurions (toi masculin).
Ghenekeïola,	que nous le lui aurions.
Ghenekeïolarik,	tandis que nous le lui aurions.
Ghenekeïolakoz,	parce que nous le lui aurions.
Ghenekeïtzo,	nous les lui aurions.
Ghinikiotzu,	nous les lui aurions (vous singulier).
Ghinikiotzan,	nous les lui aurions (toi féminin).
Ghinikiotzak,	nous les lui aurions (toi masculin).
Ghenekeïtzola,	que nous les lui aurions.
Ghenekeïtzolarik,	tandis que nous les lui aurions.
Ghenekeïtzolakoz,	parce que nous les lui aurions.

Gheneikeziegu,	nous vous l'aurions (vous pluriel).
Gheneikeziegula,	que nous vous l'aurions.
Gheneikeziegularik,	tandis que nous vous l'aurions.
Gheneikeziegulakoz,	parce que nous vous l'aurions.
Gheneizketziegu,	nous vous les aurions.
Gheneizketziegula,	que nous vous les aurions.
Gheneizketziegularik,	tandis que nous vous les aurions.
Gheneizketziegulakoz,	parce que nous vous les aurions.
Ghenekeie,	nous le leur aurions.
Ghinikiezu,	nous le leur aurions (vous singulier).
Ghinikien,	nous le leur aurions (toi féminin).
Ghinikiek,	nous le leur aurions (toi masculin).
Ghenekeiela,	que nous le leur aurions.
Ghenekeielarik,	tandis que nous le leur aurions.
Ghenekeielakoz,	parce que nous le leur aurions.
Ghenekeitze,	nous les leur aurions.
Ghinikietzu,	nous les leur aurions (vous singulier).
Ghinikietzen,	nous les leur aurions (toi féminin).
Ghinikietzek,	nous les leur aurions (toi masculin).
Ghenekeitzela,	que nous les leur aurions.
Ghenekeitzelarik,	tandis que nous les leur aurions.
Ghenekeitzelakoz,	parce que nous les leur aurions.
Zunukie,	vous auriez, vous l'auriez (vous pluriel).
Zunukiela,	que vous auriez.
Zunukielarik,	tandis que vous auriez.
Zunukielakoz,	parce que vous auriez.
Zuntaketzie,	vous les auriez.
Zuntaketziela,	que vous les auriez.
Zuntaketzielarik,	tandis que vous les auriez.
Zuntaketzielakoz,	parce que vous les auriez.
Zeneikedazie,	vous me l'auriez.
Zeneikedaziela,	que vous me l'auriez.
Zeneikedazielarik,	tandis que vous me l'auriez.
Zeneikedazielakoz,	parce que vous me l'auriez.
Zeneizkedatzie,	vous me les auriez.
Zeneizkedatziela,	que vous me les auriez.
Zeneizkedatzielarik,	tandis que vous me les auriez.
Zeneizkedatzielakoz,	parce que vous me les auriez.

Zeneikakezie,	vous nous l'auriez.
Zeneikakeziela,	que vous nous l'auriez.
Zeneikakezielarik,	tandis que vous nous l'auriez.
Zeneikakezielakoz,	parce que vous nous l'auriez.
Zeneizkuketzie,	vous nous les auriez.
Zeneizkuketziela,	que vous nous les auriez.
Zeneizkuketzielarik,	tandis que vous nous les auriez.
Zeneizkuketzielakoz,	parce que vous nous les auriez.
Zeneikozie,	vous le lui auriez.
Zeneikoziela,	que vous le lui auriez.
Zeneikozielarik,	tandis que vous le lui auriez.
Zeneikozielakoz,	parce que vous le lui auriez.
Zeneizkotzie,	vous les lui auriez.
Zeneizkotziela,	que vous les lui auriez.
Zeneizkotzielarik,	tandis que vous les lui auriez.
Zeneizkotzielakoz,	parce que vous les lui auriez.
Zenekete,	vous le leur auriez.
Zeneketela,	que vous le leur auriez.
Zeneketelarik,	tandis que vous le leur auriez.
Zeneketelakoz,	parce que vous le leur auriez.
Zeneizketze,	vous les leur auriez.
Zeneizketzela,	que vous les leur auriez.
Zeneizketzelarik,	tandis que vous les leur auriez.
Zeneizketzelakoz,	parce que vous les leur auriez.
Lukie,	ils auraient.
Likezie,	ils auraient (vous singulier).
Likiñe,	ils auraient (toi féminin).
Likie,	ils auraient (toi masculin).
Lukiela,	qu'ils auraient.
Lukielarik,	tandis qu'ils auraient.
Lukielakoz,	parce qu'ils auraient.
Nundakie,	ils m'auraient.
Nindikezie,	ils m'auraient (vous singulier).
Nindikiñe,	ils m'auraient (toi féminin).
Nindikie,	ils m'auraient (toi masculin).
Nundakiela,	qu'ils m'auraient.
Nundakielarik,	tandis qu'ils m'auraient.
Nundakielakoz,	parce qu'ils m'auraient.

Zuntukie,	ils vous auraient.
Zuntukiela,	qu'ils vous auraient.
Zuntukielarik,	tandis qu'ils vous auraient
Zuntukielakoz,	parce qu'ils vous auraient.
Hundukie,	ils t'auraient.
Hundukiela,	qu'ils t'auraient.
Hundukielarik,	tandis qu'ils t'auraient.
Hundukielakoz,	parce qu'ils t'auraient.
Guntukie,	ils nous auraient.
Ghintikezie,	ils nous auraient (vous singulier).
Ghintikiñe,	ils nous auraient (toi féminin).
Ghintikie,	ils nous auraient (toi masculin).
Guntukiela,	qu'ils nous auraient.
Guntukielarik,	tandis qu'ils nous auraient.
Guntukielakoz,	parce qu'ils nous auraient.
Lutukie,	ils les auraient.
Litikezie,	ils les auraient (vous singulier).
Litikiñe,	ils les auraient (toi féminin).
Litikie,	ils les auraient (toi masculin).
Lutukiela,	qu'ils les auraient.
Lutukielarik,	tandis qu'ils les auraient.
Lutukielakoz,	parce qu'ils les auraient.
Leikedaie,	ils me l'auraient.
Likedaziet,	ils me l'auraient (vous singulier).
Likedañe,	ils me l'auraient (toi féminin).
Likedaie,	ils me l'auraient (toi masculin).
Leikedaiela,	qu'ils me l'auraient.
Leikedaielarik,	tandis qu'ils me l'auraient.
Leikedaielakoz,	parce qu'ils me l'auraient.
Leizkedaie,	ils me les auraient.
Lizkedaziet,	ils me les auraient (vous singulier).
Lizkedañe,	ils me les auraient (toi féminin).
Lizkedaie,	ils me les auraient (toi masculin).
Leizkedaiela,	qu'ils me les auraient.
Leizkedaielarik,	tandis qu'ils me les auraient.
Leizkedaielakoz,	parce qu'ils me les auraient.
Leikezie,	ils vous l'auraient.
Leikeziela,	qu'ils vous l'auraient.

Leïkezielarik ,	tandis qu'ils vous l'auraient.
Leïkezielakoz ,	parce qu'ils vous l'auraient.
Leïzketzie ,	ils vous les auraient.
Leïzketziela ,	qu'ils vous les auraient.
Leïzketzielarik ,	tandis qu'ils vous les auraient.
Leïzketzielakoz ,	parce qu'ils vous les auraient.
Leïkeñe ,	ils te l'auraient (toi féminin).
Leïkeñela ,	qu'ils te l'auraient.
Leïkeñelarik ,	tandis qu'ils te l'auraient.
Leïkeñelakoz ,	parce qu'ils te l'auraient.
Leïzkeñe ,	ils te les auraient.
Leïzkeñela ,	qu'ils te les auraient.
Leïzkeñelarik ,	tandis qu'ils te les auraient.
Leïzkeñelakoz ,	parce qu'ils te les auraient.
Leïkeïek ,	ils te l'auraient.
Leïkeïela ,	qu'ils te l'auraient.
Leïkeïelarik ,	tandis qu'ils te l'auraient.
Leïkeïelakoz ,	parce qu'ils te l'auraient.
Leïzkeïek ,	ils te les auraient.
Leïzkitzeïela ,	qu'ils te les auraient.
Leïzkitzeïelarik ,	tandis qu'ils te les auraient.
Leïzkitzeïelakoz ,	parce qu'ils te les auraient.
Leïkukie ,	ils nous l'auraient.
Likükezie ,	ils nous l'auraient (vous singulier).
Likukiñe ,	ils nous l'auraient (toi féminin).
Likukiek ,	ils nous l'auraient (toi masculin).
Leïkukiela ,	qu'ils nous l'auraient.
Leïkukielarik ,	tandis qu'ils nous l'auraient.
Leïkukielakoz ,	parce qu'ils nous l'auraient.
Leïzkukie ,	ils nous les auraient.
Lizkuketzie ,	ils nous les auraient (vous singulier).
Lizkukiñe ,	ils nous les auraient (toi féminin).
Lizkukiek ,	ils nous les auraient (toi masculin).
Leïzkukiela ,	qu'ils nous les auraient.
Leïzkukielarik ,	tandis qu'ils nous les auraient.
Leïzkukielakoz ,	parce qu'ils nous les auraient.
Leïkeïoue ,	ils le lui auraient.
Likiouezu ,	ils le lui auraient (vous singulier).

Likiouñe,	ils le lui auraient (toi féminin).
Likiouek,	ils le lui auraient (toi masculin).
Leïkeïoueïa,	qu'ils le lui auraient.
Leïkeïouelarik,	tandis qu'ils le lui auraient.
Leïkeïouelakoz,	parce qu'ils le lui auraient.
Leïzkeïoue,	ils les lui auraient.
Lizkiouetzu,	ils les lui auraient (vous singulier).
Lizkiotzañe,	ils les lui auraient (toi féminin).
Lizkiotzek,	ils les lui auraient (toi masculin).
Lizkieïtzeïa,	qu'ils les lui auraient.
Lizkieïtzelarik,	tandis qu'ils les lui auraient.
Lizkieïetzelakoz,	parce qu'ils les lui auraient.
Leïkeïe,	ils le leur auraient.
Likiezu,	ils le leur auraient (vous singulier).
Likieñe,	ils le leur auraient (toi féminin).
Likietek,	ils le leur auraient (toi masculin).
Leïkeïeïa,	qu'ils le leur auraient.
Leïkeïeïarik,	tandis qu'ils le leur auraient.
Leïkeïeïakoz,	parce qu'ils le leur auraient.
Leïzkeïze,	ils les leur auraient.
Lizkitzezu,	ils les leur auraient (vous singulier).
Lizkitzeñe,	ils les leur auraient (toi féminin).
Lizkitzeïek,	ils les leur auraient (toi masculin).
Leïzketzeïa,	qu'ils les leur auraient.
Leïzketzelarik,	tandis qu'ils les leur auraient.
Leïzketzelakoz,	parce qu'ils les leur auraient.

CONDITIONNEL.

Nukian,	j'aurais eu ; je l'aurais eu.
Zuntukedan,	je vous aurais eu (vous singulier).
Zuntukiedan,	je vous aurais eus (vous pluriel).
Hundukedan,	je t'aurais eu.
Nutukian,	je les aurais eus.
Neïkezun,	je vous l'aurais eu (vous singulier).
Neïzketzun,	je vous les aurais eus.
Neïkeña,	je te l'aurais eu (toi féminin).
Neïzkeña,	je te les aurais eus.
Nekeïa,	je te l'aurais eu (toi masculin).

Neïzketza,	je te les aurais eus.
Nekeïon,	je le lui aurais eu.
Neïzkeïon,	je les lui aurais eus.
Nekeïen,	je le leur aurais eu.
Nekeïtzen,	je les leur aurais eus.
Zunukian,	vous auriez eu (vous singulier).
Zuntukian,	vous les auriez eus.
Zeneïkedan,	vous me l'auriez eu.
Zeneïzkedan,	vous me les auriez eus.
Zeneïkukezun,	vous nous l'auriez eu.
Zeneïzkuketzun,	vous nous les auriez eus.
Zeneïokezun,	vous le lui auriez eu.
Zeneïozketzun,	vous les lui auriez eus.
Zenekeïezun,	vous le leur auriez eu.
Zeneïzkeïetzun,	vous les leur auriez eus
Hukian,	tu aurais eu.
Hutukian,	tu les aurais eus.
Heïkedan,	tu me l'aurais eu.
Heïzkedan,	tu me les aurais eus.
Heïkukian,	tu nous l'aurais eu.
Heïzkukian,	tu nous les aurais eus
Hekeïon,	tu le lui aurais eu.
Heïzketzon,	tu les lui aurais eus.
Hekeïen,	tu le leur aurais eu.
Heïzketzen,	tu les leur aurais eus
Zukian,	il aurait eu.
Nundukian,	il m'aurait eu.
Zuntukian,	il vous aurait eu (vous singulier).
Zuntukien,	il vous aurait eus (vous pluriel).
Hundukian,	il t'aurait eu.
Guntukian,	il nous aurait eus.
Zutukian,	il les aurait eus.
Zeïkedan,	il me l'aurait eu.
Zeïzkedan,	il me les aurait eus.
Zeïkezun,	il vous l'aurait eu (vous singulier).
Zeïzketzun,	il vous les aurait eus.
Zeïkezien,	il vous l'aurait eu (vous pluriel).
Zeïzketzien,	il vous les aurait eus.
Zeïkeña,	il te l'aurait eu (toi féminin).
Zeïzkeña,	il te les aurait eus.
Zeïkeïa,	il te l'aurait eu (toi masculin).

Zeizketza,	il te les aurait eus.
Zeikukian,	il nous l'aurait eu.
Zeizkukian,	il nous les aurait eus.
Zeikeion,	il le lui aurait eu.
Zeizketzon,	il les lui aurait eus.
Zeikeien,	il le leur aurait eu.
Zeizketzen,	il les leur aurait eus.
Gunukian,	nous aurions eu.
Zuntukegun,	nous vous aurions eu (vous singulier).
Zuntukiegun,	nous vous aurions eus (vous pluriel).
Hundukegun,	nous t'aurions eu.
Guntukian,	nous les aurions eus.
Gheneikezun,	nous vous l'aurions eu (vous singulier).
Gheneizketzun,	nous vous les aurions eus.
Gheneikeña,	nous te l'aurions eu (toi féminin).
Gheneizkeña,	nous te les aurions eus.
Gheneiketa,	nous te l'aurions eu (toi masculin).
Gheneizketza,	nous te les aurions eus.
Ghenekeion,	nous le lui aurions eu.
Ghenekeitzon,	nous les lui aurions eus.
Gheneikeziegun,	nous vous l'aurions eu (vous pluriel).
Gheneizketziegun,	nous vous les aurions eus.
Ghenekeien,	nous le leur aurions eu.
Ghenekeitzen,	nous les leur aurions eus.
Zunukien,	vous auriez eu (vous pluriel).
Nundukezien,	vous m'auriez eu.
Zuntuketzien,	vous les auriez eus.
Zeneikedazien,	vous me l'auriez eu.
Zeneizkedatzien,	vous me les auriez eus.
Zeneikukezien,	vous nous l'auriez eu.
Zeneizkuketzien,	vous nous les auriez eus.
Zeneikozien,	vous le lui auriez eu.
Zeneizkotzien,	vous les lui auriez eus.
Zenekeien,	vous le leur auriez eu
Zeneizketzen,	vous les leur auriez eus.
Zukien,	ils auraient eu.
Nundukien,	ils m'auraient eu.
Zuntukien,	ils vous auraient eu.
Hundukien,	ils t'auraient eu.
Guntukien,	ils nous auraient eus.
Zutukien,	ils les auraient eus.

19

Zeïkedaïen,	ils me l'auraient eu.
Zeïzkeïlaïen,	ils me les auraient eus.
Zeïkezien,	ils vous l'auraient eu.
Zeïzketzien,	ils vous les auraient eus.
Zeïkeïeña,	ils te l'auraient eu (toi féminin).
Zeïzkeïeña,	ils te les auraient eus.
Zeïkeïeïa,	ils te l'auraient eu (toi masculin).
Zeïzkeïeïa,	ils te les auraient eus.
Zeïkukien,	ils nous l'auraient eu.
Zeïzkukien,	ils nous les auraient eus.
Zeïkeïouen,	ils le lui auraient eu.
Zeïzkeïouen,	ils les lui auraient eus.
Zeïkeïen,	ils le leur auraient eu.
Zeïzketzen,	ils les leur auraient eus.

IMPÉRATIF.

Ezazu,	ayez, ayez le (vous singulier).
Nezazu,	ayez-moi.
Ezadazu,	ayez-le-moi.
Itzadazu,	ayez-les-moi.
Ghitzazu,	ayez-nous.
Ezaguzu,	ayez-nous, à nous.
Izaguzu,	ayez-nous-le.
Itzaguzu,	ayez-nous-les.
Ezozu,	ayez-lui, à lui.
Izozu,	ayez-le-lui.
Itzozu,	ayez-les-lui.
Itzazu,	ayez-les.
Ezezu,	ayez-leur, à eux.
Izezu,	ayez-le-leur.
Itzezu,	ayez-les-leur.
Ezan,	aye (toi féminin).
Nezan,	aye-moi.
Ezadan,	aye-le-moi.
Itzadan,	aye-les-moi.
Ghitzan,	aye-nous.
Ezagun,	aye-nous, à nous.
Izagun,	aye-le-nous, à nous.
Itzagun,	aye-nous-les.

Ezon,	aye-lui, à lui.
Izon,	aye-le-lui.
Itzon,	aye-les-lui.
Itzan,	aye-les.
Ezen,	aye-leur, à eux.
Izen,	aye-le-leur.
Itzen,	aye-les-leur.
Ezak,	aye (toi masculin).
Nezak,	aye-moi.
Ezadak,	aye-le-moi.
Itzadak,	aye-les-moi.
Ghitzak,	aye-nous.
Ezaguk,	aye-nous, à nous.
Izaguk,	aye-le-nous.
Itzaguk,	aye-nous-les.
Ezok,	aye-lui, à lui.
Izok,	aye-le-lui.
Itzok,	aye-les-lui.
Itzak,	aye-les.
Ezek,	aye-leur, à eux.
Izek,	aye-le-leur.
Itzek,	aye-les-leur.
Beza,	qu'il ait.
Neza,	qu'il m'ait.
Bizat,	qu'il me l'ait.
Ditzat,	qu'il me les ait.
Ghitza,	qu'il nous ait.
Bezagu,	qu'il nous ait, à nous.
Bizagu,	qu'il nous l'ait.
Bitzagu,	qu'il nous les ait.
Bezo,	qu'il lui ait, à lui.
Bizo,	qu'il le lui ait.
Bitzo,	qu'il les lui ait.
Bitza,	qu'il les ait.
Bezaïe,	qu'il leur ait, à eux.
Bizaïe,	qu'il le leur ait.
Bitzaïe,	qu'il les leur ait.

Ezazie,	ayez (vous pluriel).
Nezazie,	ayez-moi.
Izadazie,	ayez-le-moi.
Itzadazie,	ayez-les-moi.
Ghitzazie,	ayez-nous.
Ezaguzie,	ayez-vous, à nous.
Izaguzie,	ayez-nous-le.
Itzaguzie,	ayez-nous-les.
Ezozie,	ayez-lui, à lui.
Izozie,	ayez-le-lui.
Itzozie,	ayez-les-lui.
Itzazie,	ayez-les.
Erezie,	ayez-leur, à eux.
Izezie,	ayez-le-leur.
Itzezie,	ayez-les-leur.
Beze,	qu'ils aient.
Neze,	qu'ils m'aient.
Bizaiet,	qu'ils me l'aient.
Bitzaiet,	qu'ils me les aient.
Ghitze,	qu'ils nous aient.
Bezaghie,	qu'ils nous aient, à nous.
Bizaghie,	qu'ils nous l'aient.
Bitzaghie,	qu'ils nous les aient.
Bezole,	qu'ils lui aient, à lui.
Bizole,	qu'ils le lui aient.
Bitzole,	qu'ils les leur aient.
Bitze,	qu'ils les aient.
Bezele,	qu'ils leur aient, à eux.
Bizele,	qu'ils le leur aient.
Bitzele,	qu'ils les leur aient.

OPTATIF.

Dezadan,	que j'aie.
Zitzadan,	que je vous aie (vous singulier).
Hezadan,	que je t'aie.
Dezodan,	que je le lui aie.
Ditzodan,	que je les lui aie.

Zitzedan ,   que je vous aie (vous pluriel).
Ditzadan ,   que je les aie.
Dezadedan ,   que je le leur aie.
Ditzadedan ,   que je les leur aie.

Dezazun ,   que vous ayez (vous singulier).

Nezazun ,   que vous m'ayez.
Dizadazun ,   que vous me l'ayez.
Ditzadazun ,   que vous me les ayez.

Dezozun ,   que vous le lui ayez.
Ditzozun ,   que vous les lui ayez.

Ghitzazun ,   que vous nous ayez.
Dizaguzun ,   que vous nous l'ayez.
Ditzaguzun ,   que vous nous les ayez.

Ditzazun ,   que vous les ayez.
Dizezun ,   que vous le leur ayez.
Ditzezun ,   que vous les leur ayez.

Dezaña ,   que tu aies (toi féminin).

Nezaña ,   que tu m'aies.
Dizadaña ,   que tu me l'aies.
Ditzadaña ,   que tu me les aies.

Dezoña ,   que tu le lui aies.
Ditzoña ,   que tu les lui aies.

Ghitzaña ,   que tu nous aies.
Dizaguña ,   que tu nous l'aies.
Ditzaguña ,   que tu nous les aies.

Ditzaña ,   que tu les aies.
Dizeña ,   que tu le leur aies.
Ditzeña ,   que tu les leur aies.

Deza ,   que tu aies (toi masculin).

Neza ,   que tu m'aies, moi.
Dizada ,   que tu me l'aies, à moi.
Ditzada ,   que tu me les aies.

Dizoua ,   que tu le lui aies.
Ditzoua ,   que tu les lui aies.

Ghitza,	que tu nous aies.
Dizaguia,	que tu nous l'aies.
Ditzaguia,	que tu nous les aies.
Ditza,	que tu les aies.
Dizeia,	que tu le leur aies.
Ditzeia,	que tu les leur aies.
Dezan,	qu'il ait.
Nezan,	qu'il m'ait.
Dizadan,	qu'il me l'ait.
Ditzadan,	qu'il me les ait.
Zitzan,	qu'il vous ait (vous singulier).
Dizazun,	qu'il vous l'ait.
Ditzazun,	qu'il vous les ait.
Hezan,	qu'il t'ait.
Dizaña,	qu'il te l'ait (toi féminin).
Ditzaña,	qu'il te les ait.
Dizaïa,	qu'il te l'ait (toi masculin).
Ditzaïa,	qu'il te les ait.
Dizon,	qu'il le lui ait.
Ditzon,	qu'il les lui ait.
Ghitzan,	qu'il nous ait.
Dizagun,	qu'il nous l'ait.
Ditzagun,	qu'il nous les ait.
Zitzen,	qu'il vous ait (vous pluriel).
Dizazien,	qu'il vous l'ait.
Ditzazien,	qu'il vous les ait.
Ditzan,	qu'il les ait.
Dizen,	qu'il le leur ait.
Ditzen,	qu'il les leur ait.
Dezagun,	que nous ayons.
Zitzagun,	que nous vous ayons (vous singulier).
Dizazugun,	que nous vous l'ayons.
Ditzazugun,	que nous vous les ayons.
Hezagun,	que nous t'ayons.

Dizañagun,	que nous te l'ayons (toi féminin).
Ditzañagun,	que nous te les ayons.
Dezelagun,	que nous te l'ayons (toi masculin).
Ditzelagun,	que nous te les ayons.
Dizogun,	que nous le lui ayons.
Ditzogun,	que nous les lui ayons.
Zitzegun,	que nous vous ayons (vous pluriel).
Dizaziegun,	que nous vous l'ayons.
Ditzaziegun,	que nous vous les ayons.
Ditzogun,	que nous les ayons.
Dizegun,	que nous le leur ayons.
Ditzegun,	que nous les leur ayons.
Dezazien,	que vous ayez (vous pluriel).
Nezazien,	que vous m'ayez.
Dizadazien,	que vous me l'ayez.
Ditzadazien,	que vous me les ayez.
Dezozien,	que vous le lui ayez.
Ditzozien,	que vous les lui ayez.
Ghitzazien,	que vous nous ayez.
Dizaguzien,	que vous nous l'ayez.
Ditzaguzien,	que vous nous les ayez.
Ditzazien,	que vous les ayez.
Dizezien,	que vous le leur ayez.
Ditzezien,	que vous les leur ayez.
Dezen,	qu'ils aient.
Nezen,	qu'ils m'aient.
Dizaden,	qu'ils me l'aient.
Ditzaden,	qu'ils me les aient.
Zitzen,	qu'ils vous aient.
Dizetzien,	qu'ils vous l'aient.
Ditzetzien,	qu'ils vous les aient.
Hezen,	qu'ils t'aient.
Dizañen,	qu'ils te l'aient (toi féminin).
Ditzañen,	qu'ils te les aient.

Dizaïen,	qu'ils te l'aient (toi masculin).
Ditzaïen,	qu'ils te les aient.
Dizoïen,	qu'ils le lui aient.
Ditzoïen,	qu'ils les lui aient.
Ghitzen,	qu'ils nous aient.
Dizegun,	qu'ils nous l'aient.
Ditzegun,	qu'ils nous les aient.
Ditzen,	qu'ils les aient.
Dizeïen,	qu'ils le leur aient.
Ditzeïen,	qu'ils les leur aient.

OPTATIF PASSÉ.

Nezan,	que j'eusse.
Zintzadan,	que je vous eusse (vous singulier).
Hentzadan,	que je t'eusse.
Zintzedan,	que je vous eusse (vous pluriel).
Nezon,	que je lui eusse, que je le lui eusse.
Nitzon,	que je les lui eusse.
Nitzan,	que je les eusse.
Nizen,	que je leur eusse.
Nitzen,	que je les leur eusse.
Zenezan,	que vous eussiez (vous singulier
Nentzazun,	que vous m'eussiez.
Zinizadazun,	que vous me l'eussiez.
Zinitzadazun,	que vous me les eussiez.
Zinizon,	que vous le lui eussiez.
Zinitzon,	que vous les lui eussiez.
Ghinitzazun,	que vous nous eussiez.
Zinizogun,	que vous nous l'eussiez.
Zinitzagun,	que vous nous les eussiez.
Zenetzan,	que vous les eussiez.
Zinizen,	que vous le leur eussiez.
Zinitzen,	que vous les leur eussiez.
Hezaña,	que tu eusses (toi féminin).

Nentzaña,	que tu m'eusses.
Hizadaña,	que tu me l'eusses.
Hitzadaña,	que tu me les eusses.
Hizoña,	que tu le lui eusses.
Hitzoña,	que tu les lui eusses.
Ghintzaña,	que tu nous eusses.
Hizaguña,	que tu nous l'eusses.
Hitzaguña,	que tu nous les eusses.
Hitzaña,	que tu les eusses.
Hizeña,	que tu le leur eusses.
Hitzeña,	que tu les leur eusses.
Hezan,	que tu eusses (toi masculin).
Nentza,	que tu m'eusses.
Hizadan,	que tu me l'eusses.
Hitzadan,	que tu me les eusses.
Hizouan,	que tu le lui eusses.
Hitzouan,	que tu les lui eusses.
Ghintza,	que tu nous eusses.
Hizagua,	que tu nous l'eusses.
Hitzagua,	que tu nous les eusses.
Hitzan,	que tu les eusses.
Hizeien,	que tu le leur eusses.
Hitzeien,	que tu les leur eusses.
Lezan,	qu'il eût.
Nentzan,	qu'il m'eût.
Lizadan,	qu'il me l'eût.
Litzadan,	qu'il me les eût.
Zintzan,	qu'il vous eût (vous singulier).
Lizazun,	qu'il vous l'eût.
Litzazun,	qu'il vous les eût.
Hentzan,	qu'il l'eût.
Lizaña,	qu'il te l'eût (toi féminin).
Litzaña,	qu'il te les eût.
Liza,	qu'il te l'eût (toi masculin).
Litza,	qu'il te les eût.

20

Lizon ,	qu'il le lui eût.
Litzon ,	qu'il les lui eût.
Ghintzan ,	qu'il nous eût.
Lizagun ,	qu'il nous l'eût.
Litzagun ,	qu'il nous les eût.
Zintzen ,	qu'il vous eût (vous pluriel).
Lizazien ,	qu'il vous l'eût.
Litzazien ,	qu'il vous les eût.
Litzan ,	qu'il les eût.
Lizen ,	qu'il le leur eût.
Litzen ,	qu'il les leur eût.
Ghenezan ,	que nous eussions.
Zintzagun ,	que nous vous eussions (vous singulier).
Ghinizazun ,	que nous vous l'eussions.
Ghinitzazun ,	que nous vous les eussions.
Hentzagun ,	que nous t'eussions.
Ghinizaguña ,	que nous te l'eussions (toi féminin),
Ghinitzaguña ,	que nous te les eussions.
Ghinizaguta ,	que nous te l'eussions (toi masculin).
Ghinitzaguta ,	que nous te les eussions.
Ghinizon ,	que nous le lui eussions.
Ghinitzon ,	que nous les lui eussions.
Zintzegun ,	que nous vous eussions (vous pluriel).
Ghinizaguzien ,	que nous vous l'eussions.
Ghinitzaguzien ,	que nous vous les eussions.
Ghinitzan ,	que nous les eussions.
Ghinizen ,	que nous le leur eussions.
Ghinitzen ,	que nous les leur eussions.
Zenezazien ,	que vous eussiez (vous pluriel).
Nentzozien ,	que vous m'eussiez.
Zenezadazien ,	que vous me l'eussiez.
Zenetzadazien ,	que vous me les eussiez.
Zenezozien ,	que vous le lui eussiez.
Zenetzozien ,	que vous les lui eussiez.

Ghintzazien,	que vous nous eussiez.
Zenezaguzien,	que vous nous l'eussiez.
Zenetzaguzien,	que vous nous les eussiez.
Zintzazien,	que vous les eussiez.
Zenezezien,	que vous le leur eussiez.
Zenetzezien,	que vous les leur eussiez.
Lezen,	qu'ils eussent.
Nentzen,	qu'ils m'eussent.
Lizaden,	qu'ils me l'eussent.
Litzaden,	qu'ils me les eussent.
Zintzen,	qu'ils vous eussent.
Lizetzien,	qu'ils vous l'eussent.
Litzetzien (*),	qu'ils vous les eussent.

III.

CONJUGAISON AUXILIAIRE DE *NIZ* ET *DUT*.

§ I. Nous avons déjà dit que la forme *Dut* n'est qu'une modification du verbe *Niz*; il résulte de cette circonstance quelques ressemblances inflexives que nous avons déjà signalées à l'attention de nos lecteurs : comme elles servent à prouver l'unité du verbe basque, que nul grammairien n'avait encore soupçonnée, nous les avons conservées avec

---

(*) Il ne faut accuser que notre mémoire si le tableau que nous venons de tracer se trouvait incomplet. Cette manière d'énoncer les rapports des personnes entre elles, dans toutes les combinaisons mathématiquement possibles, et de faire entrer dans le verbe jusqu'à l'expression de deux régimes, était impérieusement exigée par le système unitaire de la langue *Eskuara*, qui ne reconnaît ni articles, ni prépositions, et n'admet qu'un petit nombre de conjonctives : elle n'a d'autre inconvénient que l'embarras de ses richesses ; ses avantages sont incalculables dans la construction de la phrase, et réduisent la syntaxe euskarienne à la seule règle de *Liber Petri*.

soin, quoique la plupart de nos dialectes les évitent, à l'aide de quelque variation syllabique.

> *Gutuk* ou *Ghituk*, nous sommes (parlant à toi, masculin).
> *Ghattuk*, tu nous as (toi masculin).

Le verbe substantif, tel que nous venons d'en compléter le tableau, n'étant point employé pour l'homme dans sa valeur abstractive, essentielle; puisque les attributs de l'existence et de la possession absolue, n'appartiennent qu'à Dieu; les deux formes conjugatives deviennent faciles à distinguer, dès que l'une et l'autre prennent leur signification auxiliaire et modifiée. *Niz* accompagne alors les modifications neutres ou passives, *Dut* caractérise toutes les conjugaisons actives et régissantes.

> *Heben gutuk*, nous sommes ici (parlant à toi masculin).
> *Handi gutuk*, nous sommes grands.
> *Jin gutuk*, nous sommes venus.
> *Joan gutuk*, nous sommes allés.
>
> *Handirazi gutuk*, tu nous as fait grandir (toi masculin).
> *Jin erazi gutuk*, tu nous as fait venir.
> *Jouan erazi gutuk*, tu nous as fait aller.

Je le répète, ces rares et légères similitudes prouvent l'unité philosophique du verbe euskarien; sous le point de vue grammatical, elles n'offrent aucun inconvénient. Si nos ancêtres, dans l'improvisation de leur langue, n'ont pu parvenir à une variété absolue, c'est déjà beaucoup que d'avoir exprimé par les inflexions conjugatives toutes les combinaisons mathématiquement possibles de l'idéalité; et si parfois les nuances fugitives de ces rapports multipliés se traduisent par des désinences équivalentes, il ne faut accuser de ces similitudes que l'impuissance des organes de la voix. L'esprit demeure confondu, lorsque l'on songe qu'à l'aide de cinq voyelles, des pronominatifs *ni hi*, *zu gu*, *ziek*, *hura*, *hurak*, et des articulations *n*, *k*, la langue

Eskuara forme plusieurs milliers d'inflexions et de désinences verbales, dont le tableau change et varie dans chaque dialecte: nous avons employé le plus régulier et le plus
parfait des dialectes vascons, qui est le souletin; non sans
regretter vivement de ne pouvoir reproduire avec l'alphabet
français les aspirations, l'accent et la prosodie qui servent à
graduer et à différencier leur prononciation significative.
Je crois que les étrangers doués de la plus heureuse mémoire doivent renoncer à retenir par cœur un seul dialecte du verbe basque; ils doivent désespérer de jamais
parler cette langue originale et primitive; car il est impossible de séparer dans cette conjugaison l'expression des
rapports et des régimes, du verbe lui-même, sans tomber
dans le barbarisme et le jargon; tandis qu'entre plusieurs
milliers d'inflexions inextricables, il n'en est pas une seule
qui ne soit nécessaire et usuelle, même dans le langage en-
fantin. Je laisse aux savans le plaisir de rechercher comment
les dialectes euskariens ont pu se conserver ainsi, parfaits
et immuables, depuis près de quarante siècles, dans les
Pyrénées occidentales, au sein d'une petite nation illettrée
et pauvre, qui n'a point de grammaire nationale (*), point
de vocabulaire écrit ou imprimé. Quiconque résoudra ce
problème, l'un des plus intéressans que la science du dix-
neuvième siècle ait posés, partagera sans doute la foi des
Voyans, sur la lumière intellectuelle, l'idéalisme humain,
la spiritualité du verbe et l'improvisation du langage social,
dans leurs rapports avec la vraie civilisation.

(*) Ce travail parut tellement difficile à Larramendi qu'il intitula fas-
tueusement ses *Prolégomènes : El impossible vencido!* Le préjugé
du savant jésuite universellement accrédité parmi les philologues de
l'Europe, vient de ce que ces messieurs ont toujours voulu ramener la
langue euskarienne aux proportions exiguës d'une grammaire celtique.
Vouloir subordonner au système nain et difforme du grec ou du sanscrit
les richesses infinies et la contexture grandiose de notre *Eskuara*, c'est
vouloir habiller une poupée d'enfant, un soldat de carton, avec la peau
d'ours et la grande épée de *Zumala-Carreguy*.

§ II. Le système de la conjugaison basque est aussi simple et régulier, qu'il est varié, multiple, riche et complet dans ses applications. Avant de passer à l'examen de l'infinitif et aux conjugaisons auxiliaires, nous devons indiquer ici quelques formes du verbe essentiel, que nous avons écartées précédemment, pour ne point accabler l'attention du lecteur.

CONDITIONNEL ABSTRAIT.

Ainintz,	si j'étais (*utinam*)!
Aihintz,	si tu étais.
Aizira,	si vous étiez (vous singulier).
Ailitz,	s'il était.
Aikina,	si nous étions.
Aizinie,	si vous étiez.
Ailira,	s'ils étaient.
Ainu,	si j'avais, ou je l'avais.
Aizunu,	si vous aviez (vous singulier).
Aihu,	si tu avais.
Ailu,	s'il avait.
Aikunu,	si nous avions.
Aizunie,	si vous aviez.
Ailie,	s'ils avaient.

Cette conjugaison peut exprimer les relations des personnes, ainsi que les régimes divers.

Aizuntal,	si je vous avais (vous singulier).
Ainutu,	si je les avais.
Ainanduk,	si tu m'avais (toi masculin).
Aihutu,	si tu les avais.
Ainandan,	si tu m'avais (toi féminin).
Ainanduzu,	si vous m'aviez (vous singulier).
Aitzuntu,	si vous les aviez.
Ainanduzie,	si vous m'aviez (vous pluriel).
Aitzuntie,	si vous les aviez (vous pluriel).

Autre conditionnel de *Niz*.

Banintz,	si j'étais.
Bazira,	si vous étiez (vous singulier).

Bahintz,	si tu étais.
Balitz,	s'il était.
Baghina,	si nous étions.
Bazinie,	si vous étiez.
Balira,	s'ils étaient (*).

Autre conditionnel de *Dut.*

Banu,	si j'avais, je l'avais.
Banutu,	si je les avais.
Bazundut,	si je vous avais (vous singulier).
Baneiza,	si je vous l'avais.
Baneitzu,	si je vous les avais.
Bahundut,	si je t'avais.
Baneik,	si je te l'avais (toi masculin).
Baneiña,	si je te l'avais (toi féminin).
Baneizk,	si je te les avais (toi masculin).
Baneitzan,	si je te les avais (toi féminin).
Bano,	si je lui avais.
Banelo,	si je le lui avais.
Baneitzo,	si je les lui avais.
Bazuntiet,	si je vous avais (vous pluriel).
Baneizie,	si je vous l'avais.
Baneitzie,	si je vous les avais.
Banere,	si je le leur avais.
Baneitze,	si je les leur avais.
Banunduzu,	si vous m'aviez (vous singulier).
Bazeneit,	si vous me l'aviez.
Bazeneist,	si vous me les aviez.

(*) L'on peut rattacher à la conjugaison de *Banintz* les relations de personnes.

Banintzeizu,	si je vous étais (vous singulier).
Banintzeik,	si j'étais à toi (toi masculin).
Banintzeñ,	si j'étais à toi (toi féminin).
Banintzeizie,	si je vous étais (vous pluriel), etc., etc.

Bazanu,	si vous l'aviez.
Bazuntu,	si vous les aviez.
Bazenò,	si vous le lui aviez.
Bazeneïtzo,	si vous les lui aviez.
Baguntuzu,	si vous nous aviez.
Bazeneïku,	si vous nous l'aviez.
Bazeneïzku,	si vous nous les aviez.
Bazenere,	si vous le leur aviez.
Bazeneïtze,	si vous les leur aviez.
Banundak,	si tu m'avais (toi masculin).
Baheït,	si tu me l'avais.
Baheïzt,	si tu me les avais.
Banundan,	si tu m'avais (toi féminin).
Baheïtan,	si tu me l'avais.
Baheïztan,	si tu me les avais.
Baguntak,	si tu nous avais (toi masculin).
Baheïku,	si tu nous l'avais.
Baheïzku,	si tu nous les avais.
Baguntun,	si tu nous avais (toi féminin).
Baheïkun,	si tu nous l'avais.
Baheïzkun,	si tu nous les avais.
Bahutu,	si tu les avais.
Bahere,	si tu le leur avais.
Baheïtze,	si tu les leur avais.
Banundu,	s'il m'avait.
Baleït,	s'il me l'avait.
Baleïzt,	s'il me les avait.
Bazuntu,	s'il vous avait (vous singulier).
Baleïzu,	s'il vous l'avait.
Baleïtzu,	s'il vous les avait.
Bahundu,	s'il t'avait.
Baleïk,	s'il te l'avait (toi masculin).
Baleïzk,	s'il te les avait.
Baleïñ,	s'il te l'avait (toi féminin).
Baleïtzan,	s'il te les avait.

Balu ,	s'il avait.
Balero ,	s'il le lui avait.
Baleitzo ,	s'il les lui avait.
Baguntu ,	s'il nous avait.
Baleiku ,	s'il nous l'avait.
Baleizku ,	s'il nous les avait.
Bazuntie ,	s'il vous avait (vous pluriel).
Baletzie ,	s'il vous l'avait.
Baleitzie ,	s'il vous les avait.
Balutu ,	s'il les avait.
Baleie ,	s'il le leur avait.
Baleitze ,	s'il les leur avait.
Bahundugu ,	si nous t'avions (toi masculin).
Bagheneik ,	si nous te l'avions.
Bagheneizk ,	si nous te les avions.
Bagheneiña ,	si nous te l'avions (toi féminin).
Bagheneitzaña ,	si nous te les avions.
Bazuntugu ,	si nous vous avions (vous singulier).
Bagheneizu ,	si nous vous l'avions.
Bagheneitzu ,	si nous vous les avions.
Bagunu ,	si nous avions , si nous l'avions.
Bagheno ,	si nous le lui avions.
Bagheneitzo ,	si nous les lui avions.
Bazuntiegu ,	si nous vous avions.
Bagheneizie ,	si nous vous l'avions.
Bagheneitzie ,	si nous vous les avions.
Baguntu ,	si nous les avions.
Baghenere ,	si nous le leur avions.
Bagheneitze ,	si nous les leur avions.
Banunduzie ,	si vous m'aviez (vous pluriel).
Bazeneitade ,	si vous me l'aviez.
Bazeneitzade ,	si vous me les aviez.
Bazunie ,	si vous l'aviez,
Bazenoue ,	si vous le lui aviez.
Bazeneitzoue ,	si vous les lui aviez.

21

Baguntuzie,	si vous nous aviez.
Bazeneïkie,	si vous nous l'aviez.
Bazeneïzkie,	si vous nous les aviez.
Bazuntie,	si vous les aviez.
Bazenercie,	si vous le leur aviez.
Bazeneïtzele,	si vous les leur aviez.
Banundie,	s'ils m'avaient.
Baleïtade,	s'ils me l'avaient.
Baleïztade,	s'ils me les avaient.
Bazuntie,	s'ils vous avaient (vous singulier).
Baleïzie,	s'ils vous l'avaient.
Baleïtzie,	s'ils vous les avaient.

Ces trois formes sont les mêmes pour le vous pluriel.

Bahundie,	s'ils t'avaient.
Balercie,	s'ils te l'avaient.
Balercïtze,	s'ils te les avaient.
Baguntie,	s'ils nous avaient.
Baleïkie,	s'ils nous l'avaient.
Baleïzkie,	s'ils nous les avaient.
Balutie,	s'ils les avaient.
Balercie,	s'ils le leur avaient.
Balercïtze,	s'ils les leur avaient.

Il existe un conditionnel précieux de *Dut*, *Banendi* qui est dans sa valeur auxiliaire ce que *Banu* est dans sa valeur substantive. Je me contenterai de marquer les régimes et les personnes seulement, attendu que le *Dut* auxiliaire n'énonce que la possession d'un acte, et se modifie par tous les noms verbaux, tels que *hil*, mourir; *sar*, entrer; *jin*, venir, etc.

Banendi,	si je.
Bazintzat,	si je vous (vous singulier).
Banizazu,	si je vous le.
Banitzazu,	si je vous les.

Bahentzat,	si je te.
Banizak,	si je te le (toi masculin).
Banitzak,	si je te les.
Banizan,	si je te le (toi féminin).
Banitzan,	si je te les.
Baneza,	si je le.
Banezo,	si je le lui.
Banitzo,	si je les lui.
Bazintzet,	si je vous.
Banizazie,	si je vous le.
Banitzazie,	si je vous les.
Banitza,	si je les.
Banieze,	si je le leur.
Banietze,	si je les leur.
Bazinte,	si vous (vous singulier).
Banentzazu,	si vous me.
Bazinizat,	si vous me le.
Bazinitzat,	si vous me les.
Bazeneza,	si vous le.
Bazinizo,	si vous le lui.
Bazinitzo,	si vous les lui.
Baghintzazu,	si vous nous.
Bazinizagu,	si vous nous le.
Bazinitzagu,	si vous nous les.
Bazintza,	si vous les.
Bazinize,	si vous le leur.
Bazinitze,	si vous les leur.
Bahendi,	si tu.
Banentzak,	si tu me (toi masculin).
Banentzan,	si tu me (toi féminin).
Bahizat,	si tu me le.
Bahitzat,	si tu me les.
Baheza,	si tu le.
Bahizo,	si tu le lui.
Bahitzo,	si tu les lui.
Baghintzak,	si tu nous (toi masculin).
Bahizaguk,	si tu nous le.
Bahitzaguk,	si tu nous les.

Baghintzan, si tu nous (toi féminin).
Bahizagun, si tu nous le.
Bahitzagun, si tu nous les.

Bahitza, si tu les (toi masculin).
Bahitzan, si tu les (toi féminin).
Bahize, si tu le leur.
Bahitze, si tu les leur.

Baledi, si lui.

Banentza, s'il me.
Balizat, s'il me le.
Balitzat, s'il me les.

Bazintza, s'il vous (vous singulier).
Balizazu, s'il vous le.
Balitzazu, s'il vous les.

Baleza, s'il le.
Balizo, s'il le lui.
Balitzo, s'il les lui.

Baghintza, s'il nous.
Balizagu, s'il nous le.
Balitzagu, s'il nous les.

Bazintze, s'il vous (vous pluriel).
Balizazie, s'il vous le.
Balitzazie, s'il vous les.

Balitza, s'il les.
Balieze, s'il le leur.
Balietze, s'il les leur.

Baghinte, si nous.

Bazintzagu, si nous vous (vous singulier).
Baghinizazu, si nous vous le.
Baghinitzazu, si nous vous les.

Bahentzagu, si nous te.
Baghinizak, si nous te le (toi masculin).
Bagheneitzak, si nous te les.
Baghinizan, si nous te le (toi féminin).
Bagheneitzan, si nous te les.

Bagheneza ,	si nous le.
Baghinizo ,	si nous le lui.
Baghinitzo ,	si nous les lui.
Bazintzaghiegu ,	si nous vous (vous pluriel).
Baghinizazie ,	si nous vous le.
Baghinitzazie ,	si nous vous les.
Baghenetza ,	si nous les.
Baghinize ,	si nous le leur.
Baghinitze ,	si nous les leur.
Bazintie ,	si vous (vous pluriel).
Banentzazie ,	si vous me.
Bazinizaziet ,	si vous me le.
Bazinitzaziet ,	si vous me les.
Bazeneze ,	si vous le.
Bazinizozie ,	si vous le lui.
Bazinitzozie ,	si vous les lui.
Baghintzazie ,	si vous nous.
Bazinizaghie ,	si vous nous le.
Bazinitzaghie ,	si vous nous les.
Bazenetze ,	si vous les.
Bazinieze ,	si vous le leur.
Bazinietze ,	si vous les leur.
Balite ,	s'ils.
Banentze ,	s'ils me.
Balizadet ,	s'ils me le.
Balitzadet ,	s'ils me les.
Bahentze ,	s'ils te.
Balizeie ,	s'ils te le (toi masculin).
Balitzeie ,	s'ils te les.
Balizeñe ,	s'ils te le (toi féminin).
Balitzeñe ,	s'ils te les.
Baleze ,	s'ils le.
Balizoue ,	s'ils le lui.
Balitzoue ,	s'ils les lui.
Baghintze ,	s'ils nous.
Balizaghie ,	s'ils nous le.
Balitzaghie ,	s'ils nous les.

Bazintze,	s'ils vous
Balizazie,	s'ils vous le.
Balitzazie,	s'ils vous les.
Balitze,	s'ils les.
Balieze,	s'ils le leur.
Balietze,	s'ils les leur.

La conjugaison euskarienne possède divers modes dont le sens échappe aux qualifications grammaticales usitées dans les langues celtiques.

Nizano,	pendant que je suis.
Zireno,	pendant que vous êtes (vous singulier).
Hizano,	pendant que tu es.
Deno,	pendant qu'il est.
Ghireno,	pendant que nous sommes.
Ziradiano,	pendant que vous êtes (vous pluriel).
Direno,	pendant qu'ils sont.
Nintzano,	pendant que j'étais.
Zineno,	pendant que vous étiez (vous singulier).
Hintzano,	pendant que tu étais.
Zeno,	pendant qu'il était.
Ghineno,	pendant que nous étions.
Zinieno,	pendant que vous étiez.
Zireno,	pendant qu'ils étaient.
Nizatekino,	pendant que je serai.
Ziratekino,	pendant que vous serez (vous singulier).
Hizatekino,	pendant que tu seras.
Datekino,	pendant qu'il sera.
Ghiratekino,	pendant que nous serons.
Ziratekieno,	pendant que vous serez (vous pluriel).
Diratekino,	pendant qu'ils seront.
Nintzatekino,	pendant que je serais.
Zinatekino,	pendant que vous seriez (vous singulier).
Hintzatekino,	pendant que tu serais.
Lizatekino,	pendant qu'il serait.
Ghinatekino,	pendant que nous serions.
Zinatekieno,	pendant que vous seriez (vous pluriel).
Liratekino,	pendant qu'ils seraient.

Nous n'avons donné ici que la conjugaison simple, en omettant les relations de personnes que le lecteur pourra découvrir lui-même à l'aide du tableau de *Niz*. Nous en ferons autant pour les relations personnelles et les régimes que le mode suivant est susceptible de combiner dans sa conjugaison ; quoique, à vrai dire, la désinence caractéristique de *Nizano* et *Dudano*, éprouve des variations qu'il n'est point aisé de fondre avec les inflexions relatives du verbe principal.

Dudano,	pendant que j'ai.
Duzano,	pendant que vous avez (vous singulier).
Diano,	pendant que tu as (toi masculin).
Diñano,	pendant que tu as (toi féminin).
Dino,	pendant qu'il a.
Dugano,	pendant que nous avons.
Duzieno,	pendant que vous avez.
Dieno,	pendant qu'ils ont.
Niano,	pendant que j'avais.
Zuniano,	pendant que vous aviez (vous singulier).
Hiano,	pendant que tu avais.
Ziano,	pendant qu'il avait.
Ghaniano,	pendant que nous avions.
Zuniano,	pendant que vous aviez.
Zieno,	pendant qu'ils avaient.
Dukedana,	pendant que j'aurai.
Dukezuno,	pendant que vous aurez (vous singulier).
Dukiano,	pendant que tu auras (toi masculin).
Dukiñano,	pendant que tu auras (toi féminin).
Dukino,	pendant qu'il aura.
Dukeguno,	pendant que nous aurons.
Dukezieno,	pendant que vous aurez.
Dukieno,	pendant qu'ils auront.
Nukiano,	pendant que j'aurais.
Zunukiano,	pendant que vous auriez (vous singulier).
Hukiano,	pendant que tu aurais.
Lukino,	pendant qu'il aurait.
Ghanukiano,	pendant que nous aurions.
Zunukieno,	pendant que vous auriez (vous pluriel).
Lukieno,	pendant qu'ils auraient, etc., etc.

Forme positive, équivalant à *Nizalakoz*, *Dudalakoz*.

Beniz,	parce que je suis.
Beïtzira,	parce que vous êtes.
Behiz,	parce que tu es.
Beïta,	parce qu'il est.
Beïkira,	parce que nous sommes.
Beïtziradie,	parce que vous êtes.
Beïtira,	parce qu'ils sont.
Beïtut,	parce que j'ai, ou je l'ai.
Beïtuzu,	parce que vous avez (vous singulier).
Beïtuk,	parce que tu as.
Beïtu,	parce qu'il a.
Beïtugu,	parce que nous avons.
Beïtuzie,	parce que vous avez.
Beïtie,	parce qu'ils ont.

Beniz-Beïtut joue le plus souvent un rôle auxiliaire, ainsi que *Banintz-Bana*; l'un et l'autre sont formés de *Niz* et *Dut*, combinés avec l'affirmation *ba*, *baï* : tous deux se conjuguent dans les divers modes du substantif, avec le même cortége de rapports et de régimes que le verbe principal. L'impératif possède le même nombre d'inflexions que les autres modes, moins celles qui résultent de la combinaison de la première personne avec les autres. La déclinaison abstraite de *Niz* et *Dut*, au cas positif, fournit une conjugaison affirmative dont la signification précise ne peut se traduire en français.

Nizan,	que je sois, ou parce que je suis, etc.
Dudan,	que j'aie, ou parce que j'ai, etc.

La déclinaison du singulier défini donne :

Nizana,	moi qui suis, etc.
Dudana,	lui, celui que j'ai, qui est à moi, etc.
Nintzana,	celui que j'étais, etc.
Niena,	celui que j'avais, etc.
Nizatekiana,	celui que je serai, etc.
Dukedana,	celui que j'aurai, qui sera mien, etc.

Nintzatekina,   celui que je serais.
Nakiana,   celui que j'aurais.

Toutes ces formations subissent la déclinaison générale jusqu'à cinq et dix degrés de relation. La combinaison de la terminative *ko*, exprimant appartenance, donne avec l'interposition d'un *e* euphonique.

Nizaneko,   pour lorsque je suis, etc.
Dudaneko,   pour lorsque j'ai, etc.
Nintzaneko,   pour lorsque j'étais, etc.
Nianeko,   pour lorsque j'avais, etc.
Nizatekineko,   pour lorsque je serai, etc.
Dukedaneko,   pour lorsque j'aurai, etc.
Nintzatekineko,   pour lorsque je serais, etc.
Nakianeko,   pour lorsque j'aurais, etc.

De même pour toutes les autres personnes. Ces modifications verbales se déclinent dans les trois modes, et reçoivent mille nuances de signification, particulières à la langue euskarienne, attendu que les langues mixtes n'ont point d'expression grammaticale pour les modifications secondaires qui se régissent mutuellement, et que ces combinaisons naturelles de l'idéalisme échappent à l'esprit des Barbares.

Nizanekoa,   celui de lorsque je suis, etc.
Dudanekoa,   celui de lorsque j'ai, etc.
Nintzanekoa,   celui de lorsque j'étais, etc.
Nianekoa,   celui de lorsque j'avais, etc.
Nizatianekoa,   celui de lorsque je serai, etc.
Dukedanekoa,   celui de lorsque j'aurai, etc.
Nakianekoa,   celui de lorsque j'aurais, etc.
Dukedanekoareki,   avec celui de lorsque j'aurai, etc.
Dukedanekoaren aren areki,   avec celui, de celui, de lorsque j'aurai, etc.

Ainsi de suite jusqu'à cinq et dix degrés de relation; car il est de principe dans la grammaire euskarienne, que la déclinaison entière, avec son cortége de rapports multipliés

22

et de cas superposés, s'adapte à toute formation marquée
par un génitif ou par la déterminante *a*.

§ III. Le radical du verbe dépouillé de ses pronominatifs,
fait au lieu de *Niz*, *iz*, au lieu de *nizan, izan*, et se traduit par les infinitifs des langues celtiques : *Nahi dut izan*,
je veux être. Nous savons déjà que le radical *iz* est un appellatif harmonique que la déclinaison modifie : le système
euskarien ne reconnaissant qu'une seule espèce grammaticale de mots, le verbe lui-même se trouve rangé dans la
classe des noms ; il n'a point d'infinitif. J'en suis fâché pour
J. J. Rousseau, qui donne à l'idiome naissant des infinitifs
par centaines ; tandis que cette généralisation métaphysique
est impossible, dans l'ordre naturel de la pensée, chez des
hommes qui improvisent le langage, sous l'impression immédiate du sentiment. Il est même indubitable que dans nos
langues mixtes, les infinitifs ne sont qu'une fiction grammaticale. Lorsque l'euskarien dit : *Nahi dut izan*, l'on apprécie
tout d'abord le sens achevé du radical *iz* porté au cas positif,
par la déclinative *an*, signifiant à, dans, en. Aussi l'inversion permet-elle de retourner la phrase de toutes les façons.

Nahi dut izan.
Izan nahi dut.
Izan dut nahi.
Dut nahi izan.
Dut izan nahi.

L'on peut enfin remplacer *Dut* par *Niz* ; l'on aura toujours l'équivalent de cette phrase : *désir est à moi du
exister*. Mais quand le Français dit : Je veux être, je ne
vois point de signification qui ressorte de cette phrase, je
n'y découvre ni rapport ni relation marquée ; je n'y trouve
qu'illusion d'habitude et de convention ; mais point d'idée
nécessaire et sentie. Le vice du système grammatical,
dans presque tous les dialectes celtiques, empêche seul
de faire subir à l'infinitif les modifications constitutives de

la pensée; il ne perd sa forme et sa valeur absolue que par une supposition de l'esprit. Enfin il est évident que la définition donnée par les grammairiens de l'infinitif ne convient nullement au rôle qu'il joue dans la phrase; et que la valeur générative attribuée spéculativement à ces mots invariables, appartient à tous les radicaux de la langue, à tous les noms. Du moins en est-il ainsi dans la langue euskarienne, où tous les mots sans exception concourent chacun à former une conjugaison composée, tantôt active, tantôt neutre ou réfléchie, dans les divers modes du verbe unique *Niz-Dut*. Cette prérogative inappréciable constitue l'universalité de notre conjugaison. Tout nom se décline, toute déclinaison se conjugue dans la belle langue *Eskuara*. Les divers modes de la conjugaison abstraite et substantive expriment plus particulièrement l'existence et la possession absolues, qui sont les attributs de Dieu; mais dès que le verbe prend une valeur auxiliaire dans la conjugaison composée, les temps se divisent et se modifient de manière à exprimer les situations accidentelles, qui sont le partage de toute existence fractionnelle et passagère, comme l'homme. Nous choisirons pour paradigme le mot *Izan*, être, et nous ne donnerons que la première personne de chaque mode : le lecteur pourra lui-même compléter la conjugaison, avec le tableau de *Niz* et *Dut*, que nous avons déroulé sous ses yeux précédemment.

Izan nailin,	que je sois, etc.
Izan nendin,	que je fusse, etc.
Izan niz,	j'ai été, etc.
Izan nintzan,	j'avais été, etc.
Izan nizate,	j'aurai été, etc.
Izan nintzate,	j'aurais été, etc.
Izan ninte,	je serais, etc.
Izan nizan,	que j'aie été, parce que j'ai été, etc.

La déclinaison indéfinie du mot *izan* fournit le génitif

izanen (du exister), pour la conjugaison composée du futur et du conditionnel

> *Izanen niz*, je serai, etc.
> *Izanen nintzan*, j'aurais été, etc.

L'on obtient par la même déclinaison abstraite le cas ablatif *izanik* (du être), dont la valeur se traduit par le participe français, ayant été.

> *Izanik niz*, je suis ayant été.
> *Izanik nintzan*, j'étais ayant été.
> *Izanik nizate*, je serai ayant été.
> *Izanik nintzate*, je serais ayant été.

La déclinaison de *izan* au défini singulier, produit *izana*, celui qui a été; *izanaren*, de celui qui a été; *izanari*, à celui qui a été; *izanarena*, celui de celui qui a été; *izanarenekoarenareki*, avec celui de celui qui est à celui qui a été : de même jusqu'à cinq et dix relations.

Le même radical *iz*, *iza*, forme, suivant la règle commune, avec la terminative *te*, exprimant abondance, le vocatif *izate*, exister, existence, ou plutôt existement, dont la déclinaison définie donne le positif *izatean*, *izaten*, dans le exister, pour la conjugaison composée du présent et de l'imparfait.

> *Izaten niz*, je suis étant, je suis, etc.
> *Izaten nintzan*, j'étais, etc.

La même déclinaison abstraite de *izate* fournit les deux cas suivans :

> *Izatera*, au être, vers être.
> *Izatetik*, du être.

D'où, *izatera noa*, je vais être; *izatetik hona niz*, je viens d'être. Le défini singulier de *izate* donne :

> *Izatia*, le être.
> *Izatian*, dans le être, étant.

Izatiarekin,	avec le être, en étant.
Izatiagatik,	afin d'être.
Izatekoz,	pour être.

Une règle sans exception, veut que tous les noms actifs terminés en voyelle (*), comme *Iza*, *izan*, reçoivent les mêmes désinences et se prêtent de la même manière à la conjugaison composée : soit d'abord pour exemple *ukhen*, avoir, recevoir.

Ukhen dezadan,	que j'aie, que je l'aie, etc.
Ukhen nezan,	que j'eusse, etc.
Ukhen dut,	j'ai eu, etc.
Ukhen nian,	j'avais eu, etc.
Ukhen duket,	j'aurai eu, etc.
Ukhen nukian,	j'aurais eu, etc.
Ukhen niro (**),	j'aurais, etc.
Ukhen dadan,	que j'aie eu, etc.
Ukhenen dut,	j'aurai, etc.
Ukhenen nian,	j'aurais eu, etc.
Ukhenik niz,	je suis eu, ou ayant eu, etc.
Ukhenik nintzan,	j'étais eu, ayant eu, etc.
Ukhenik nizate,	je serai eu, ayant eu, etc.
Ukhette (a),	avoir, etc.

(*) Ou par la liquide *n*.

(**) La forme *Niro* est dans la conjugaison auxiliaire, ce que *Nuke* est dans la conjugaison substantive ; elle se traduit par le verbe français avoir, et emporte avec elle une idée de pouvoir ou de puissance.

Niro,	j'aurais, je pourrais.
Ziniro,	vous auriez (vous singulier).
Hiro,	tu aurais (toi familier).
Liro,	il aurait.
Ghiniro,	nous aurions.
Ziniroue,	vous auriez.
Liroue,	ils auraient.

Ukheïten dut,	j'ai, je reçois, etc.
Ukheïten nian,	j'avais, je recevais, etc.
Ukheïtera noa,	je vais avoir, etc.
Ukheïtetik,	d'avoir, etc.
Ukheïtian,	en ayant, en recevant, etc.
Ukheïtiarekin,	avec le avoir, en ayant, etc.
Ukheïtiagatik,	afin d'avoir, etc.
Ukheïtekos,	pour avoir, etc.

De même pour :

Jo, joïte,	frapper.
Jin, jite,	venir.
Jouan, jouaïte,	s'en aller.
Jan, jate,	manger.
Edan, edale,	boire.
Eman, emaïte,	donner, etc., etc.

Une règle sans exception veut que tous les noms verbaux terminés par une consonne concourent sans autre modification à la conjugaison de l'optatif.

Has nadin,	que je commence.
Has dezadan,	que je commence, que je le commence.
Sar nadin,	que j'entre.
Sar dezadan,	que je le fasse entrer.
Sal dezadan,	que je vende, que je le vende.
Eros dezadan,	que j'achète, que je l'achète, etc., etc.

Les noms verbaux de la première classe, terminés par une voyelle ou par la liquide *n*, restent invariables pour former la conjugaison des imparfaits et du mode passé ; il n'en est pas de même des autres, dont quelques-uns prennent la terminative *tu* et *du*; les radicaux qui finissent par *r* ou *s*, reçoivent l'*i* du datif.

Sartu niz,	je suis entré.
Sartu dat,	je l'ai entré, mis dans.

Saldu dut,	j'ai vendu, je l'ai.
Bildu dut,	j'ai, je l'ai ramassé.
Erori niz,	je suis tombé.
Erossi dut,	j'ai, je l'ai acheté.
Hassi niz,	j'ai commencé.
Hassi dut,	je l'ai commencé, entamé, etc.

Le génitif de la déclinaison abstraite prépare ces noms verbaux à la conjugaison du futur :

Sarthuren niz,	j'entrerai.
Salduren dut,	je vendrai.
Eroriren niz,	je tomberai.
Hassiren niz,	je commencerai, etc., etc.

Ce génitif peut être universellement remplacé par la terminative *ko*, exprimant appartenance (*).

    Sarthuko niz.
    Salduko dut.
    Eroriko niz.
    Hassiko niz, etc., etc.

Le singulier défini de *sarthia*, *saldia*, *eroria*, *hassia*, se décline comme *izana*, *emana*, jusqu'à cinq et dix degrés de relation.

Sarthiarenekoarenareki,	avec celui de celui qui est à celui qui est entré, etc., etc.

La terminaison *te* affectée aux noms verbaux qui finissent par une voyelle ou par la liquide *n*, se change en *tze* pour tous les autres.

Sartzen niz,	j'entre.
Saltzen dut,	je vends, je le vends.

(*) Le *ko* s'adapte quelquefois au futur des noms de la première classe; il forme alors une redondance : *Izanenko niz*, je serai, au lieu de *Izanen niz*, qui a la même signification.

L'euphonie néanmoins, l'a conservée pour les noms verbaux terminés par *r* ou *s*.

> *Erorten niz*,   je tombe.
> *Hasten niz*,   je commence.

Ces exigences euphoniques varient suivant les dialectes, et les Cantabres disent *erortzen niz*, je tombe, comme ils disent quelquefois *erortu niz* pour *erori niz*, je suis tombé. Les noms verbaux terminés en *i* prennent indifféremment les deux inflexions *jeïkiten* ou *jeïkitzen niz*, je me lève; *etchekitzen* ou *etchekiten dut*, je tiens, je le tiens. La déclinaison abstraite du *te* ou *tze* donne quelques rapports conjugatifs et les divers participes

> *Sartzera noa*,   je vais entrer.
> *Sartzearekin*,   avec le entrer, en entrant.
> *Sartzekoz*,   pour entrer, etc., etc.

§ IV. J'ai désigné jusqu'ici par noms actifs ou verbaux, les infinitifs de la conjugaison celtique. Les noms appellatifs et qualificatifs ont cet avantage sur les précédens, qu'ils se combinent avec les deux formes *Niz* et *Dut*, et que leur conjugaison est toujours doublement active et réfléchie. Bien plus, ils possèdent chacun cinquante séries de conjugaisons multiples, à chaque modification secondaire par les cas de la déclinaison, par les approximatifs, les augmentatifs et les diminutifs. Qu'ils finissent par une voyelle ou par une consonne, ils reçoivent dans les trois modes les terminatives *tu* et *tze*, avant de devenir auxiliaires du verbe. Le *tu* leur imprime le sens actif que leur simple appellation ne saurait comporter: *handi*, grand, *handitu*, rendu grand, devenu grand, fait grand. Quant à l'invariabilité du *tze* pour la conjugaison du présent et des divers imparfaits, la raison de ce choix est dans la nécessité de leur conserver la terminative *te* pour exprimer l'idée du

nombre et de la quantité, qui est une de leurs modifications
essentielles.

Handitze,	grandir, agrandir.
Handite,	quantité de choses grandes.
Ghizontze,	rendre, ou devenir homme.
Ghizonte,	quantité d'hommes.
Idortze,	sécher, rendre sec.
Idorte,	sécheresse.

Le *tze* joint aux appellatifs emporte une idée de transformation et de métempsycose; il sert à former le nom de
tous les arbres fruitiers.

Sagartze (*),	pommier, ce qui devient pommes.
Sagarte, sagarteli,	quantité de pommes.

Je crois avoir familiarisé suffisamment le lecteur avec le
mécanisme et le génie de la langue basque, pour n'avoir
pas besoin de tracer un tableau complet des conjugaisons
multiples dont j'ai parlé.

Handichagoñitzen niz,	je deviens tant soit peu plus grand, etc.
Handichagoñitzen dut,	je le rends, ou je le fais, etc.
Handieghitu niz,	je suis devenu trop grand, etc.
Handieghitu dut,	je l'ai trop agrandi, etc.
Handicheghiñituko niz,	je deviendrai tant soit petit peu trop grand, etc.
Handicheghiñituko dut,	je le rendrai, etc.

Les formes vagues et générales *Niz* et *Dut* peuvent subir
toutes leurs inflexions et relations transitives : *handiche-
ghiñituko-diotzañat*, je les lui rendrai tant soit petit peu
trop grands, dis-je, à toi femme ou fille. Autant le mécanisme de ces conjugaisons est simple et régulier, d'après

---

(*) *Sagartzetze*, devenir pommier, se changer en pommier.
Sagartzetu, ce qui a été changé en pommier.

les données claires et précises que nous avons fournies, autant leur nombre est incalculable. Il faudrait cent mille in-folios pour écrire ce verbe complet, qu'un petit Basque de dix ans improvise en entier dans le dialecte de sa province.

Le *tu* participe se décline sur les diminutifs conjugués :

> *Handicheghiñituarenekoarenareki*, avec celui de celui, qui appartient à celui qui a été fait tant soit petit peu trop grand.

Mot gigantesque qui pourrait admettre vingt relations de plus, sans cesser pour cela d'être parfaitement régulier, clair, intelligible ; susceptible par ailleurs de subir avec *Niz* et *Dut* toute espèce de conjugaison surcomposée, comme s'il ne représentait qu'une idée simple !

Les modificatifs simples *horrat*, là, par-là ; *honat*, ici, par ici, etc. ; et les pronominatifs *ni*, moi ; *hi*, toi ; *gu*, nous, etc., suivent les mêmes règles de formation déclinative et de conjugaison surcomposée. *Neretu*, rendu mien ; *hiretu*, rendu tien ; *guretu*, rendu nôtre. *Neretzen dut*, je rends, ou je le rends mien ; *neretuchagoñi*, rendu tant soit petit peu plus mien : *nerechagoñitzen dut*, je le rends tant soit petit peu plus mien ; *nerechagoñitia*, celui qui est devenu ou qui a été rendu tant soit petit peu plus mien. *Neretuchagoñitiaren eko aren areki*, avec celui de celui qui appartient à celui qui est devenu ou a été rendu tant soit petit peu plus mien, etc., etc.

§ V. Non-seulement tous les mots euskariens sans exception prennent valeur active et se conjuguent avec un brillant cortége de relations déclinatives et de modifications secondaires, mais encore chacune de ces modifications, de ces relations marquées par une terminative, se conjugue à son tour. Soit pour exemple le mot adverbial *heben*, ici ; *hebenko*, d'ici : *hebenkotu-niz* ou *dut*, je suis devenu étant d'ici, ou je l'ai rendu étant d'ici; *hebenkotzen-niz*, je deviens étant d'ici; *hebenkoturen-niz*, je deviendrai étant d'ici, etc.

La conjugaison recommence sur une double relation : *heben*, ici; *hebenko*, d'ici: *hebenkoa*, celui d'ici; *hebenkoaren*, de celui d'ici; *hebenkoarentu-niz*, je suis devenu appartenant à celui d'ici; *hebenkoarentzen-niz*, je deviens appartenant à celui d'ici : et de même sur chacune des cinq et dix relations dont on peut enrichir la déclinaison simple de tout mot euskarien !

§ VI. La langue *Eskuara* possède deux mots qui résument le génie de son système verbal et doublent son domaine. Le premier, universellement employé comme terminative, est bâti sur la vocale déterminante *a* séparée du relatif *i* par un *r* euphonique *ari*, *joh-ari*, joueur; *ihizi-ari*, chasseur, etc. Il exprime la modification active dans ce qu'elle peut avoir de plus général, de plus vague et de plus indéterminé. *Ari*, *ariren* ou *ariko*, *aritze-a*.

Ari nadin,	que je sois étant ou faisant.
Ari niz,	je suis étant ou faisant.
Arikoniz,	je serai étant ou faisant.
Ariren niz,	je serai étant ou faisant.
Aritzearekin,	tout en étant faisant, etc.

Le second est formé de la vocale *e* vague et multiple, de la terminative *ra*, vers, jusqu'à, et de la sifflante médiative *z*, *eraz*. Il exprime impulsion communiquée vers toute espèce de modification active, si heureusement généralisée par le mot *ari*. *Eraz*, *eraz-i*, *eraziren* ou *eraziko*, *erazte-a*. Ils se combinent dans une conjugaison infiniment précieuse.

Ari eraz dezadan,	que je le fasse être faisant.
Ari erazten dut,	je le fais être faisant.
Ari erazi dut,	je l'ai fait être faisant.
Ari eraziko dut,	je le ferai être faisant, etc.

Il n'y a qu'à remplacer *ari* par les modifications qu'il généralise, et l'on obtient :

Izan eraz dezadan,   que je le fasse être.
Ukhen eraz dezadan,   que je le fasse avoir.
Eror eraz dezadan,   que je le fasse tomber.
Sar eraz dezadan,   que je le fasse entrer, etc., etc.

Les noms qualificatifs, appellatifs, etc., fournissent chacun une trentaine de nouvelles conjugaisons dans leurs modifications diverses.

Handi-chago-ñi-erazten dut,   je le fais devenir tant soit peu plus grand.
Ghizonchagoñi-erazten dut,   je le fais devenir tant soit peu plus homme.
Horrat-chagoñi erazten dut,   je le fais mettre tant soit peu plus par là.
Gure-chagoñi erazten dut,   je le fais devenir tant soit petit peu plus nôtre.

Enfin la conjugaison de toutes les relations déclinatives, jusqu'à cinq et dix degrés, fournit :

Handiarenekoaren eraziko dut,
   Je le ferai devenir appartenant à celui qui est à celui qui est grand.

Handi-chegiñ-ñi-to-aren-eko-ñi-aren-erazten dut,
   Je le fais devenir appartenant à l'infiniment petit, qui est au cher petit de celui qui est tant soit petit peu plus grand, etc.

§ VII. La fusion des mots divers avec la conjugaison simple de *Niz* et *Dut* produit diverses conjugaisons syncopées dont nos grammairiens ont fait des verbes irréguliers, faute d'avoir su analyser leur composition syllabique. *Jaki, jakin, jakite-a*, savoir, donne : *Jakiten dut, dizut, diñat, diat*, je sais : suivant que l'on parle d'une manière générale, respectueusement à une seule personne, familièrement à un homme ou garçon, une fille ou une femme. La fusion du nom avec le verbe forme la conjugaison syncopée, qui se déroule avec relation de personnes, suivant l'âge et le sexe, dans les trois modes simples, tour à tour affirmative, interrogative, négative, etc., de la manière suivante :

Dakit,	je sais (forme vague).
Dakizut,	je sais (vous singulier).
Dakiñat,	je sais (toi féminin).
Dakiat,	je sais (toi masculin).
Estakit,	je ne sais pas.
Eztakizut,	je ne sais pas (vous singulier).
Eztakiñat,	je ne sais pas (toi féminin).
Eztakiat,	je ne sais pas (toi masculin).
Badakit,	si je sais.
Beitakit,	parce que je sais.
Dakidala,	que je sais.
Dakidalarik,	tandis que je sais.
Dakidalakoz,	attendu que je sais.
Espadakit,	si je ne sais pas.
Ezpeitakit,	parce que je ne sais pas.
Eztakidala,	que je ne sais pas.
Eztakidalarik,	tandis que je ne sais pas.
Eztakidalakoz,	attendu que je ne sais pas.
Dakita,	est-ce que je sais?
Eztakita,	ne sais-je pas?
Nakian,	je savais.
Nakizun,	je savais
Nakiñan,	je savais.
Nakia,	je savais.
Enakian,	je ne savais pas.
Enakizun,	je ne savais pas (vous singulier).
Enakiñan,	je ne savais pas (toi féminin).
Enakia,	je ne savais pas (toi masculin).
Banaki,	si je savais.
Benakian,	attendu que je savais.
Nakiala,	que je savais.
Nakialarik,	tandis que je savais.
Nakialakoz,	parce que je savais.

Ezpanakian, si je ne savais pas.
Ezpeinakian, parce que je ne savais pas.
Enakiala, que je ne savais pas.
Enakialarik, tandis que je ne savais pas.
Enakialakoz, parce que je ne savais pas.

Nakiana, savais-je ?
Enakiana, ne savais-je pas ?

Dakiket, je saurai.
Dakikezut, je saurai (vous singulier).
Dakikeñat, je saurai (toi féminin).
Dakikiat, je saurai (toi masculin).
Eztakiket, je ne saurai pas, etc., etc.

Dakikedanez, si je saurai.
Beïtakiket, attendu que je saurai.
Dakikedala, que je saurai.
Dakikedalarik, tandis que je saurai.
Dakikedalakoz, parce que je saurai.

Dakiket-a, saurai-je ?
Eztakiket-a, ne saurai-je pas ?

Baneki, si je savais.
Bazeneki, si vous saviez (vous singulier).
Bahaki, si tu savais.
Baleki, s'il savait.
Baganaki, si nous savions.
Bazanakie, si vous saviez (vous pluriel).
Balakie, s'ils savaient.
Ezpaneki, si je ne savais pas, etc., etc.

Le conditionnel présent se forme de :

Jakin nezake, je saurais.
Jakin nezakezu, je saurais.
Jakin nezaken, je saurais.
Jakin nezakek, je saurais.

Banakike, je saurais (ou simplement *nakike*).
Banakikezu, je saurais.
Banakiken, je saurais.
Banakikek, je saurais.

Nakikia, saurais-je ?
Enakikia, ne saurais-je pas ?

Mais il faut séparer les deux élémens de la conjugaison pour obtenir le passé parfait, le plusque-parfait et le conditionnel passé,

Jakin dut,	j'ai su.
Jakin nian,	j'avais su.
Jakin duket,	j'aurai su.
Jakin nakian,	j'aurais su.

Il est inutile d'observer au lecteur que ces conjugaisons syncopées ne sont qu'une surabondance de richesse, créée pour le laconisme et la rapidité du discours, et ne changent rien au système verbal de la langue euskarienne. Il en est quelques-unes dont la décomposition syllabique est assez difficile à obtenir, et que les grammairiens inattentifs ont métamorphosées en verbes irréguliers; de ce nombre sont :

Nago,	je suis, étant ou restant.
Hago,	tu es.
Dago,	il est, etc.
Noua,	je m'en vais.
Houa,	tu t'en vas.
Doua,	il s'en va, etc., etc.

Ils ne sont tous les deux que l'abréviation syllabique de :

Egoiten niz,	je reste, etc.
Jouaiten niz,	je m'en vais, etc.

Dans toute langue où la conjugaison est absolue et la déclinaison universelle, l'inversion est essentiellement libre et la construction de la phrase presque arbitraire, comme dans la langue *Eskuara*, qui n'a point de règles de syntaxe, et dans laquelle l'expression grammaticale de la pensée emporte avec elle la lucidité parfaite et la régularité forcée du discours. L'accord des genres n'existe point dans l'*Eskuara*, qui ne reconnaît point de genres; l'accord des nombres et des personnes fait partie du système verbal dont nous avons fourni le tableau le plus complet. Tous les hommes versés dans la grammaire générale et la métaphysique des langues, trouveraient superflues les explications de détail dans lesquelles nous pourrions entrer; et c'est pour eux seuls que nous avons écrit. Voici la question que nous ne craignons point de leur poser en terminant :

La langue *Eskuara*, qui peut s'approprier tous les radicaux des langues connues, et les plier avec avantage à l'unité régulière et à la perfection absolue de son système grammatical, ne réunit-elle point toutes les conditions désirables pour former une langue universelle ? — HALA-BIZ.

J. A. C.

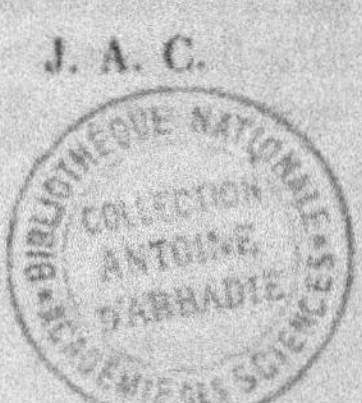
BIBLIOTHÈQUE NATIONALE
COLLECTION
ANTOINE
D'ABBADIE
ACADÉMIE DES SCIENCES

FIN.

www.ingramcontent.com/pod-product-compliance
Lightning Source LLC
LaVergne TN
LVHW052016060726
842528LV00002B/531